U0726595

北京汉阅传播
Beijing Han-read Culture

小泉八云

KOIZUMI YAKUMO

吉林出版集团有限责任公司

日本，解释的一个尝试

曹晔　译

目录

序

小泉八云，原名Lafcadio Hearn，父为爱而兰人，母希腊人，一八五〇年六月二十七日生于希腊，盖系纯粹之西洋人也。后父母离婚，父再婚，乃养于其父之叔母家。学于英国及法国。在校时，游戏不慎，致左目失明。二十岁时，其祖叔母破产，乃渡美为新闻记者，以求独立生活。其间刻苦精励，从事写作，文名渐著。明治二十三年，以哈瓦斯社通讯员名义来日本。初执教于出云松江中学，旋与当地人小泉节子结婚，获一子，乃归化为日本人，易姓小泉。不久，由东京帝国大学文学部聘为讲师。卒年五十五岁。著书十数种，其著名者为《心》，《自东方》，《神国日本》，《谈鬼》，《日本杂录》，《骨董》，《日本瞥见录》，《佛陀园拾遗》，《影》等。文笔婉美，为散文之巨擘，在近代英文学史上，堪与斯提芬孙，吉卜林等比肩。

厨川白村说："先生乃以其稀世之名文，将我日本之美介绍与西人之第一人，同时是以其饶有兴趣之讲义，将西欧的思想与文学正当传与日本学生而最获成功之外国教师。立于东西两洋之间，使先生完成其介绍者之天职者，非仅赖其流丽明快之笔舌以及赅博之学殖，而实由于先生作为真正世界人之特殊性格。小泉先生非英国人，亦非美国人，当然亦非纯粹之日本人。先生无执迷于国土或国民之任何偏见，而足迹遍世界，到处能发见其美，同情它，而又能充分享受它。他比西洋人更理解西洋，比日本人更理解日本。"

《神国日本》是小泉八云关于日本的最后一部著作。原名《日本，解释的一个尝试》。但书中空白处，有"神国"二字，而武内桂舟所画的封面图，也是巫女之舞，故通常称是书为《神国日本》。

这书可以说是他研究日本的毕业论文。凡关于日本的一切研究，网罗无遗。著者所见的日本是约四十年前的日本。他忧虑欧美的经济侵略，足见其爱日本之深。

此书中最精彩的部分，要算是关于神道的研究罢。神道是日本民族的固有宗教，是爱国的宗教。日本人想像着在眼睛可见的一切森罗万象的背后，有超自然的神灵，山川湖海风雷以至于井，莫不有神专司其事。日本人是造了日本国土的神们的子孙。这些神是日本人的先祖。日本人认为为这些祖先服务，而崇拜祖先，就是他们为子孙者的最高任务。他们认为他们所有的一切，都是祖先之所赐。祖先为他们驱除了毒蛇猛兽，修治了河川沼泽，发明了耕作之道。神道不像其他宗教一样，它不讲地狱极乐。一个人，其肉体一死，就获得超自然之力，超越了时间与空间，而成为看不见的存在。

这些神们随时保护子孙，为子孙谋福，但要他们供给食物，岁时祭祀，礼拜祖先。祭祀一旦疏忽，便会招神之怒，而受其罚。日本古代，祭祀如国家大事，祭祀也可以说就是政治。

除了这固有的神道以外，还有两个外来的思想，大大的影响了日本人的心。即儒教与佛教。儒教是东方的道德思想，而不是宗教。儒教将人伦的根本置于亲与子的关系，以孝为德行之本。人与人的关系必须公正。日本人将这儒教精神采入崇拜祖先的精神里面。

但佛教就不这样简单。西历六世纪中叶渡到日本的佛教，以其雕刻、建筑、绘画、音乐等艺术为背景，打动了日本人的心。其宗派之中，有所谓大乘佛教，可以说是一种哲学的体系，又有所谓小乘佛教，讲来世的赏罚，地狱极乐之说，这是神道所完全没有的，因此特别吸引了人心。我们现在的幸与不幸，是我们自己在前世行为的结果。我们的生命并不限于现世，而是和永远的过去，永久的未来相连着的。如果想在来世得到幸福，必须在现世积善根。日本人从佛教学会忍受任何灾厄与不幸，因为灾厄不幸都是前世的报应。

但佛教为了把握日本人的心，也不得不与日本祖先的神们的信仰妥协。空海等僧，提倡所谓“本地垂迹”之说，谓印度的诸佛与日本诸神虽有本地与垂迹之差，但究其源则是一个。因此明治初年，未实行分离神佛以前，神社里神官和僧侣同时在一起服务。至今一般家庭都安着神坛和佛坛。

此外基督教在日本所引起的暴动，以及日本的所谓君臣父子之道，本书都有详细的解释。

总之，由“死者的灵支配着活者的行为”的思想发生的日本宗教，以及生活样式，其特异的性格，此书已阐述无遗了。

难解

难　解

关于日本的书实在很多，不过其中真有价值的恐怕不出二十本，关于艺术的出版物及性质完全特殊者，固当别论。这个事实，是因为认识以及理解构成日本人表面生活的基础事物，是十分困难的。十分理解其生活的著作——在历史上，社会上，心理上，以至于伦理上，将日本从内部及外部描写的著作——至少今后五十年当中是不会产生的。这个问题既很广泛，而又错综复杂，因此集合许多学者一代的劳力，也不能完全达到这个目的。这问题又是十分困难的问题，因此终身研究这个问题的学者，一定很少。甚至于日本人自己，关于本国历史，即使材料堆积如山，还是没有获得科学的知识，因为获得这种知识的方法，现在还没有。没有树立在近代式的方法上的良好的历史，这件事情确是许多不利的缺陷之一。其社会学上的研究，可供研究的基础的东

西，尚未入西洋研究家的手中。家族及氏族的旧状态，诸阶级分派发达的历史，政治上的法则和宗教上的法则分离的历史，各种禁制与拘束，及其影响于习俗的历史，关于产业发达过程上的统制与合作的历史，伦理及审美的历史——这一切，以及其他事情均不明了。

我这篇论文，若有所贡献于西洋对于日本的知识，只会在一方面是有用的。但这一方面不能说一定不重要。在过去，关于日本的宗教的问题，多半出自宗教的仇敌之手。其中几完全蔑视宗教者也有。宗教既被蔑视，既被误传，则关于日本的真知识是得不到的。关于社会的状态，只要稍微想得到真实的理解，必须十分明了其宗教，皮毛的知识是不够的。甚至于民族的产业上的历史，假使没有一点在其发达的初期支配产业生活的宗教上的传统与习惯的知识，则亦不能理解。再来看艺术的问题。日本的艺术和宗教有密切的关系。因此要研究日本的艺术，必须对于这艺术所反映的信仰有广博的知识。不然，徒浪费时间而已。我这里所谓艺术，并非单指绘图雕刻而言。我所指的是一切种类的装饰与绘图——男孩子的风筝和女孩子的羽子板[①]上所绘的画，涂漆的匣子，珐琅质的花瓶——贵族女子衣带上的花样，以至于工人用手巾上的画——佛教的守护山门的金刚神的姿态，以及买给婴儿玩的纸狗或花棒儿等等。再来说日本的文学。要研究日本的文学，非但要理解日本的信仰，从事研究的学者还

① 按系女孩子拍羽毽子用的板，长约一尺。——译者注

要对日本的宗教有所同情，至少要像我们的大古典者们同情于幼里庇底斯，宾达，及塞俄克利塔斯的宗教一样。没有这样的学者来研究，日本文学是得不到正当的估价的。没有一点关于西洋古代及近代宗教的知识，则英、法、德、意的文学，你能够彻底了解到什么程度呢?我们可以先这样向自己问一问。我并不一定指纯粹的宗教作家，如弥尔顿、但丁等诗人而言。假使一个人对于基督教的信仰或基督教以前的信仰一点知识也没有的话，则莎士比亚的一部戏剧也一定不能够完全理解，这是事实。这就是我要说的话。要想真正精通欧洲某一国的言语，假使没有关于欧洲宗教的知识，也是不可能的。无学者的言语里，也含有许多宗教上的意义。贫民的俚谚，家庭的用语，街头的歌谣，工厂的用语，这些里面含有不知道民众的信仰的人所梦想不到的意义。在日本教了多年英语给那些有着完全不同的信仰，及以完全不同的社会经验为基础之伦理的学生的人，最明白这点。

珍奇与魔力

珍奇与魔力

旅客笔下的日本的第一印象，多半是愉快的。假使有人以为日本不会使他的情绪发生感动，那么这个人一定有什么缺陷的，或者有什么刻薄的地方。这个使人的心感动的东西，就是解决问题的线索。这个问题，乃指日本人种及其文化的特质而言。

日本——在晴天无云的春日，在白色日光之下浮现了姿态的日本——我对于这个日本的第一个印象，不用说和普通的人所经验到的具有许多共同点。我特别记忆着那个光景的惊异与喜悦。这个惊异与喜悦是决不会消灭的。留日十四五年前的今日，偶然有机会的时候，这个感情还是时常会流露出来。不过，这种感情发生的理由，是难以知道的，至少不容易想，因为我对日本还是不能说知道得许多……好久以前，我的一个最好最亲密的日本友人，临死前这样对我说：

“再过四五年，你如果觉得日本人实在不能理解，那么那个时候你方才会开始对日本人多少有点理解了。”我确实知道这位友人的预告真实之后，即发现完全不能理解日本人之后，反而觉得我有尝试这篇论文的资格了。

如最初感觉到的那样，日本的事物，其外观上的珍奇，会使人（至少对于某一种人）发生一种特殊的感情。这种不可思议的情绪，只会在我们看见完全陌生的东西时发生的。我们在异样的小路上走着。这路上有许多奇怪的矮人，穿着怪样的衣服和草鞋。乍看是，我们甚至于区别不出他们是男是女。房子的构造和装饰又很特别，和我们过去所经验到的完全两样。店铺里陈列着无数货品，其用途与意义，我们完全不懂，我们只觉得呆然。那些食品，想象不到是从什么地方来的。那些器具，形状奇怪得像谜一样。那些符牒，不知道是什么神秘的信仰，我们理解不到。那些假面和玩具，令人想起神们和魔鬼的传说。那些神们自身奇怪的姿态，怪样的耳朵，那幅笑脸。我们在路上走着，一定能看见这些东西。另一方面，我们当然也会看到电柱，打字机，电灯，缝衣机等。我们又会到处在招牌上，帘子上，以及行人的背上看见奇妙的汉字，这些东西的不可思议，才是那光景的基础。

和这奇异的世界再亲近一点，那最初的光景引起的奇异感觉，也是决不会减少的。这个民族的身体上的行动，你不久也会觉得奇怪的。你将发觉他们的做活方法和西洋的方法正相反对。各种工具的样子既很古怪，用法也十分奇特。铁匠是蹲在铁砧前面举锤敲打的，但是西洋的铁匠要想使用这锤，非经长久练习不可。木匠的刨和锯，样子很特别，用时不向前推，而向后拉。左首总是对的，右首总是不对的。开锁的钥匙，总是要向我们认为错的方向转。巴西法尔·罗威尔说过，日本是倒过来说话倒过来读，倒过来写的。这话是对的。但这不过是“他们日本人倒行的容易懂的例而已”。倒写的习惯，显然有进化论上的理由。日本的书法，当然为了这个理由，正和西洋的书法相反。这种倒行的例子，不胜枚举，其中最显著的是日本的剑术。剑术家是两手执剑击人的，但击时刃并不向自己的方向拉，而从自己这边向前面刺。即不像其他亚洲人那样用楔的道理，而用锯的道理。总之，打击时当我们期待着向自己身边拉的运动时，却有刺的运动……此外还有种种我们所不知道的方法，其不可思议，就日本人的身体讲，我们也觉得日本人像另一个世界的人一样，跟我们没有什么缘分。我们甚至于觉得日本人和我们在解剖学上有差异的。其实是不会有什么差异的。这一切相反的地方，恐非由于他们的经验和阿利安人种的经验完全不同，而是因为在进化论上他们的经验比我们的经验年轻的缘故。

不过日本人的经验决不是劣等的。其表现不仅使人惊异，且又使人喜悦。织细的细工的完璧，事物的轻妙的力量与品格，欲以最小的材料收获最大效果的力量，尽量以简单的方法达到机械力的目的的事情，在不规则的东西里面发现美的价值，一切东西的形状的富于趣味，着色或色彩所表现

的调和感——这一切事情，不仅有关艺术及趣味，即关于经济及利用厚生，我们不假思索也即刻可以知道西洋有不少从这远方的文化学习的地方，那些可惊的瓷器，精致的刺绣，漆器，象牙，青铜的细工等，会将我们的想象力引到完全珍奇的方向。但其所以能感动观者的心，并非由于野蛮蒙昧的空想，不，这些东西在其范围之内，是达到了除艺术家以外谁也能批评的微妙的文化——只有指三千年前的希腊文化为不完全的人认为不完全的文化的产物。

然而在这世界的根底下的奇异，即心理上的奇异，又远较两目可视的外观的奇异来得可惊。在西洋长大的人无论如何不能完全使用日本言语。人家知道了这一点，方才会了解这个奇异是怎样的大。东洋和西洋，讲到人情的根本，即情绪的基础，倒多是相同的。日本儿童和欧洲儿童，其精神上的差异，多半是潜伏的。但是这个差异，随儿童的发育，迅速发展扩大，一俟成人，已非言语所能表现，其精神上的构造，完全显露出来，构成与西洋的心理的发达没有任何共通点的诸相。即思想的表现受到限制，感受的表现亦受抑勒，使人感到困惑。日本人的思想和我们的思想不同，其情操也和我们的情操两样。日本人的伦理生活，是我们未尝探究过的，或为我们一向遗忘的思想及感情的世界。试取一句日本人的普通的辞句，译成西语，就会变成毫无意义的东西。最简单的英文，若逐字译成日文，那么没有学过欧洲语言的日本人就不能理解这句话的意义。你即使完全学习了日本字典里所有的辞句，假使不去学日本人那样思想，即上下内外倒过来想，向着和阿利安人，完全没有缘分的方向想，则文学的学习，丝毫也不能助诸君了解日本人的对话。学习欧洲语的经验，无助于日语的学习，恰如无助于学习火星居民的言语一样。要想日本语用得跟日本人一样好，非投胎一次，而将头脑根本加以改造不可。如果双亲是生在日本，自幼用日本语的欧洲人，那么这个人或能将这本能的知识维持到后半生，而将其精神上的关系适应于日本的环境里面。这是可能的。事实上有一个叫普拉克的生长在日本的英国人，精通日语，以说书为业，收入颇丰，以此可为证明。但这是特殊的例。文学上的用语，要想懂得，比认识几千个汉字还要更多的知识才行。我们只要这样说，也可以知道这是怎样困难的事了。西洋人中，能将拿到自己面前的文学上的文章，一看就懂的人，可以说一个也没有。实际上，日本的学者，能够这样的人也极少。有许多欧洲人在这一方面的学识，虽值得惊叹，但是从来没有一个人的著作，没有日本人的帮助，而能在世界上发表的。

日本的外面的奇异，既无往而不表现着美，其内面的奇异，也同样别有魔力。即有一种伦理的魔力，反映在人们的日常生活上。这日常生活的有兴味的情景，普通的观察者是不会认为是表现着积数世纪而得的心理上的特殊发展的。只有罗威尔氏具有科学精神的人，能立刻了解这个问题。没有这种天才的外国人，即使他生来就有同情心，也只会把这当做一桩快乐的事情，或者为这所迷惑，就根据他在世界的另一方（西洋）的快乐的生活经验，想来说明现在魅惑了他的心的这个社会状态。现在假定这样的外国人侥幸有机会在日本内地古老的都市里住了六个月以至一年的时间。那么他开始就会因自己周围生活的恳切与愉快而感动的。他会在人与人相互的关系上，以及在人们对他的关系上，他会感到不变的愉快，伶俐圆滑，善良的心思等，这些在别个地方是只会在真正亲密的朋友之间可以得到的。无论什么人和别人见面的时候，总以和悦的面容，愉快的言语来行礼寒暄，脸上总是微笑着。日常生活的极普通的事情，也受着礼仪的影响。这礼仪好像是不学而发自真心，完全没有技巧，而又完全没有缺点。周围无论有怎样的事情发生，外面总是维持着愉快的态度。无论有怎样不愉快的事情发生——暴风雨也好，火灾也好，洪水也好，地震也好——笑声的寒暄，明朗的微笑，安详的行礼，恳切的慰问，想使人快乐的愿望等，永久使生活美丽。在这日光之下，宗教也不会投下阴影。在神佛前祈祷时，也是微笑着。寺庙的庭园，是儿童游戏的地方。

大公共神庙的境内——这个地方与其说是庄严的地方，不如说是祭礼的场所——筑有舞蹈的舞台。家族的生活，似乎到处都有温和的特征，没有触目的争执，没有无情的粗鲁的声音，没有泪，没有责骂的声音。残酷的事情，似乎对于动物也没有。到街市里来的农夫，身旁带着牛马，坚忍地走着，一面帮助这无言的伙伴，背了货物，不用什么鞭笞等东西。拉车的人，看见狗或鸡在前面拦路，心里正要发怒的时候，也只是把车子从旁边拉过去，不将这些动物辗死……一个人在这样的光景里度过了相当长久的时期后，也看不出有什么东西，妨碍这生活的快乐。

不用说，上面所说的那种状态，如今逐渐在消失之中。但在边鄙的地方，还是存在着的。我住过的地方，数百年间没有发生过盗案，明治时代新设的监狱，等于无用的劳什子，家家昼夜无须闭户。这种事实，都是日本人所熟悉的。在这种地方，百姓对外国人表示殷勤的态度，诸君或许以为是由于官厅的命令，我们就当这是对的，但是人们相互间的恳切的态度，又怎样解释呢？没有什么苛刻、粗暴、不诚实、或法律的侵犯，而且这种社会状态竟能维持了几个世纪。诸君知道了这个事实，就不能不相信自己已经踏上了道德上真正优越的人间的领土。像这样的优雅，无可訾议的诚实，言语动作所表现的亲切，恐怕自然可以解释为出自完全的善心的行为。而使诸君喜悦的这个素朴，又决不是来自野蛮的素朴。这个国家的人民，每人都受教育，每人都会讲一口漂亮的言语，写漂亮的文章，吟诗作歌，处己以礼，到处有清洁与良好的趣味，一家之内充满着光明与纯洁，每日沐浴是最普通的事情。凡事莫不治以博爱的精神，一切行为莫不律以义务，一切物品莫不以艺术造成其形，像这样的文化，有谁不为之魅倒呢?有谁不为这样的状态感觉喜悦呢?有谁听到他们被骂为“异教徒”，而不为之愤慨呢?只要诸君的心并不十分褊狭的话，这善良的民族，外观上并没有什么理由，自然会使诸君快乐无疑。在这样的环境里面，唯一的感觉，是恬静之乐。那是梦里的感觉。做梦的时候，希望人家怎样对你行礼寒暄的时候，人家就会这样对你行礼寒暄，希望听什么，就可以听到什么，希望人家给你做什么事情，人家就会给你做什么事情，这个感觉正像这样——人们都在完全平静的空间，举踵而行，了无跫声，而莫不沉浸在柔和的光辉里面。是的，这神仙之民会在相当长久的时间内给予柔和的睡眠的幸福。诸君和他们长久住在一起的时候，会知道诸君所满足的，和做梦的快乐具有许多共通的地方。诸君决不会忘记梦吧——决不会忘记的，但这恰如晴天午前给予日本的风光。以超自然之美的春霞一样，结果是要消逝的。诸君实在是因为置身于仙国所以快乐的——因为踏入了实在并不存在，且又不能据为己有的世界的缘故。诸君从诸君现在的世纪，倒溯而上，超越了已经消灭了的，叫做时间的广大空间，移行到被遗忘了的时代，业已消失的时代，埃及或尼涅凡的古代。这就是日本事物的奇异与美的秘密，这些事物给予人的惊异的秘密，民族及其习惯的，像童话一般有魔力的秘密。幸运的人呀，“时间”的潮为诸君而旋转了。不过要记住，这里万事都是魔法，诸君是着了死人的魔力了。光明，色彩，与声音，都要消逝，最后还是要回到空虚与沉默。

我们这辈人中至少有人这样希望过：暂时也好，假使能够生活在已经消灭了的希腊文化的世界呢。最初知道了希腊艺术及希腊思想的魔力，而为之感激的结果，未能想象这古代文化的实情以前，早就会发生这种希望的。不过，即使这个希望实现了，我们也立刻会知道自己不能适应于这个实状里面。这并不是因为不容易知道那个环境，而是因为现在的人十分不容易像三千年前的人一样感觉的缘故。文艺复兴以来，研究希腊不知用了多少努力，但是要了解古代希腊生活的诸相，我们还是认为困难。例如我们凭借近代的思想，也不能如实感觉到爱底普斯的大悲剧所表现的民族的情操感情等。然而我们关于希腊文化的知识，是远较十八世纪的祖先们进步的。法国革命时代，认为将希腊共和政治的实状再现于法国是可能的，依斯巴达式教育儿童也是可能的。在今日，给近代文化教育的人，要想在罗马征服前古代世界的都市里存在的社会主义的专制主义之下得到幸福，谁都知道是不可能的。即使古代希腊的生活为我们而再现了，我们也不能和这生活融和，成为这生活的一部分。这正和我们不能改变自己的个性一样。但是为了目击那生活的快乐，将不辞任何劳苦。为了一度参加柯陵斯的祝典的快乐，目睹全海伦的游戏的快乐……

但是目睹希腊文化的复兴，步行于毕塔哥拉斯的学寮的所在地克罗托那的街市，放浪于塞俄克利塔斯曾经住过的西拉奇乌斯，这和我们现在有研究日本人生活的机会这个特权比较起来，并不能说是优越。从进化论的见解来说，前者的特权委实弱于后者，因为日本将远较我们熟悉其艺术文学的希腊时代更古，心理上又和我们隔得更远的事情的，活生生的光景，捧献在我们的眼前。

不能说别人的文化比我们的文化进化之多少，知力上与我们有所悬隔，其文化就在所有点上比我们低劣，这一点无须叫诸君注意也可以知道的。海伦的文化，在其鼎盛时期，代表着从社会学上所看的进化的初期，其所发展的艺术，表示着关于美的最高的，不可接近的理想。和这同样，这旧日本的更古老的文化，也达到十分值得吾人惊异与称赞的，审美上及道德上的水准。只有浅薄的人，极浅薄的人，将日本文化之最上者扬言为劣等的。日本的文化，其所以有西洋文化不可比拟的特征，是因为许多接踵传入的外国文化，堆积在单纯的原有的基础上，呈现着复杂纷纭的光景的缘故。这外来的文化，多半是中国的。这中国的文化，对于这篇研究的主要题目，只有间接的关系。奇怪而又可惊的，虽有这许多外来文化的堆积，民族及其原有的特质，依旧历然残留着。日本的可惊之点，并不在于身上的无数借来的东西，如古时的皇女穿衣服的时候，将色质不同的十二种礼服，一件一件叠起来，让备有这许多色样的领、袖、裙等露在外面一样。真正可惊的是穿这衣服的人。因为衣裳的意义与兴趣，不在于其色泽与式样，而在于制作这衣裳，采用这衣裳的人的思想的表现。因此旧日本文化的最高兴味，在于这文化表示着日本人种的特色。这是经过明治的一切变化，仍旧完全没有变化的特色。

这人种的特色，不是可以认识的，而是可以直感的，因此其用语，用“暗示”比较用“表现”来得适当。这个特色，如果有关于日本人种之起源的正确的知识，亦可为了解之助，但这样的知识，我们现在还是没有。人种学者一致认为日本人种是集合数种民族而成的，其主要要素为蒙古人种。但这主要要素，由两种非常相异的形式代表着：其一为细瘦像女人一样的风采，其二为矮壮有力的姿态。中国和朝鲜的要素，据说也混合在某些地方的人内，虾夷人的血，似乎也混入不少。马来或波利内西亚的要素，有无混入，如今尚未断定。不过这一点是可以十分肯定的：和所有良好人种一样，这个人种也是混成的人种，而起初聚在一起形成这个人种的许多人种，互相混合起来，长久在社会的训练之下，发达了相当统一的性格。这特质在外貌的某一点上，立刻可以认出来，但依旧留着许多不易说明的谜。

进一步了解这个人种，现在已成为重要的事情了。日本走上了世界的竞争舞台。竞争的时候，一个国民的价值，一方面固在于兵力，一方面则在于其特质。吾人设能阐明造成日本人种的四围状态的特质，以及与这人种的道德经验有关的许多一般的大事实，则其特质亦可理解多少。这样的事实，其根底在国民信仰的历史之中，或在宗教之中，而在由宗教发达而来的社会的各种制度的历史之中，有的表明着，有的暗示着，这一点，我们是知道的。

古代的祭祀

真正的日本的宗教，即今日尚以各种形式行于全国民间的宗教，就是祭祀——祭先祖。这祭祀是一切文明国家的宗教及一切文明社会的基础。在数千年之间，这最初的祭祀，受了种种变化，采取了种种形式，但是在日本国中无论何处，其根本的特质倒没有发生过变化。佛教的祭祖，其种种形式，兹当别论，至于纯粹日本起源的祭祀，则有三种区别，这是因中国的影响及仪式发生若干变化的。这种日本的祭祀形态，统称之曰“神道”，其义即“众神之道”。这不是什么旧名词。神道这名词，是用来区别日本固有的宗教即“道”，和最初从外国渡来的佛教的。神道祭祖的三种形式，即一家的祭祀，村邑的祭祀，及国家的祭祀。换言之，即是家族的祭祖，氏族的祭祖，及帝国的祖先祭祀。第一个是家庭的宗教，第二个是一地方之神或守护神的宗教，第三个是国家的宗教。神道的祭祀，尚有种种，但目前似无考虑之必要。

关于上述祭祀的三个形式，家族的祭祀在进化的次序上说，是居于第一位的，其他是后来发达的。不过家族的祭祀虽说是最古的，但这并非指今日的家庭宗教而言。我并非将“家族”（family）和“一家”（household）混为一物。古代日本的家族，远超过“一家”以上，也许包含着一百个或一千个家。在有史以前的日本，并没有一家的祭祖，同族的祭礼，似乎只在埋葬的地方举行的。但是后代的家族祭祀，乃由原始的同族祭礼发达而来，间接表示最旧的宗教形式。因此研究日本的社会进化时，这是必须最先考虑的。

祭祖的进化历史，任何国家都大致相同，日本的祭祖的历史，也是可以支持斯宾塞的宗教发达法则说的一个显著的证明。不过要想了解这一般的法则，我们必须回溯到宗教信仰的起源。但是我们必须从社会学的见地记住一点，即日本现在的祭祖，并非是“原始的”，这和我们不能说帕利克利时代的阿生斯人的家族祭祀是“原始的”一样。祭祖之永存者，都不是原始的。凡是一定的家族祭祀，是从没有一定的形式，或尚未具备家族之形的同族的祭祀发达而来的。这同族的祭祀，又从更古的埋葬祭礼发达而来，这是无疑的。

从古代的欧洲文化来说，我们对于欧洲的祭祖历史的知识，尚未达到祭祀的原始形态。我们对于希腊罗马人的祭祀的知识，是从家族宗教成立后经过长久后的时期开始的，因此关于其宗教的性质，虽有确实的文献，但是关于一定远在家庭祭祀以前的古代祭祀，并没有多少证据留下来。因此我们只好去研究尚未达到文化状态的民族间的祭祖的自然发达的历史，而推断其性质而已。真正的家族的祭祀，是和一定的文化开始的。当日本民族最初在日本定居的时候，不能相信已经带来了刚才所说的一定的文化种类，或已经充分发达的祭祖。那时礼拜是一定有的，不过礼拜的仪礼，我想大概是只在墓旁漠然举行的。真正的家族的祭礼，在八世纪，即灵牌尚未从中国传入以前，是没有成立的。最古的祭祖，是从原始的葬礼及安慰故人之灵的仪式发达的。

因此现有的同族的宗教，是比较在近代发达的，但其历史之久，至少和该国的真正文化一致，且保有真正原始的信仰与思想，以及由这原始的信仰与思想发生出来的思想及信仰。因此未论祭祀之前，有将这古代的信仰略加考虑之必要。

最古的祭祖——斯宾塞之所谓“一切宗教之根底——大概是和对于鬼的最古的明确的信仰，同时存在的。当人想到潜伏在内部的自己，即二重的自己时，安慰灵魂的祭祀，一定会同时开始的。但是这最古的对于鬼的礼拜，一定是远在人的精神发达到能够抽象地思索事物以前发生的。关于他们的崇拜的最初的形式，由现存的证据看来，鬼与神的概念，最初似无任何差别。因此关于未来的赏罚，并无明白的信仰。换言之，天国与地狱的观念，当初是没有的。黑暗

的那个世界的观念，是远到后代才发达的。最初，人是只想死人是住在给他准备的坟墓里的。他们以为死人是会偶尔从坟墓里跑出来，来看自己以前住的地方，而在活人的梦里出现的。死人的真正的世界，是他所埋葬的地方，即坟墓或冢穴。后来，那个世界的观念，以不可思议的方法，和坟墓结连起来，慢慢的发达了。这个模糊地想象的那个世界，扩大起来，分别为鬼能享福的天地和不幸的天地，这是远到后来的事情。日本的神话，没有产生至福的世界与黑暗的世界的观念，没有给天国与地狱的观念发达起来，这是值得注意的事实。甚至于在今日，神道的信仰，关于超自然，还表示着荷马以前的想象时代。”

在印欧民族之间，最初神鬼之间似无任何区别，诸神的地位，亦无上下之分。这种区别是慢慢发达的。斯宾塞说：“在原始民族之间，死者之灵成为理想的集团，殆无甲乙之分，后来慢慢发生了差别，随着社会的进步，以及局部的与一般的传统集积错综的结果，本来是相同的人的灵魂，其性质在人们的思想中发生了差异，以及重要性的程度，于是发生了区别，而本来是同一的本质，终于消灭了。”像这样，无论在古代欧洲或远东，国民的更重要的神们，是从祭鬼发生的。然而形成于东西古代社会的祭祖的伦理，是在更重要的诸神未发生以前，即人们想象死人没有任何地位的差别都会成为神的时期发生的。

古代的日本人，和阿利安民族的原始的礼拜祖先者一样，并不以为死人是升上现世以外的光明至福的乐土，或堕入苦闷自责的世界的。他们认为死人还是住在这个世界，至少是和这个世界时常保持着接触的。日本人最古的神圣的记录，是记着那个世界的事情，也有不可思议的雷神和恶魔在丑恶之中产生的事情，但是这漠然的死人的世界，是能够和活人的世界交通，那个世界的灵魂，即使肉体已经朽败了，还是能够在地上领受人们的伺候和供物的。佛教未渡来以前，天国与地狱的观念是没有的。人们认为死人的魂灵是需要祭祀，且多少能与活人共苦乐，而永久存在的。他们需要饮食及光明，但又能授人以福利。其身体虽在地中融化，其灵之力则尚存留人间，透入其根底，活动于风水之中。人因死而获得了神秘的力量——他们变成了高高在上者，即神。

换句话说，他们变成了最古的希腊及罗马的所谓神。但是值得注意的，是这神格化，无论东西，都不带着任何道德上的差别。“凡死者皆为神”，这是神道的权威平田笃胤的话。和这同样，古代希腊人的思想里，甚至于后来的罗马人的思想里，凡死者都是成为神的。克兰治在其《古代都市》（La Cite Antique）中说：“这种礼拜，不单是大人物的特权。是没有任何差别的……甚至于不一定要是有德之人，恶人与善人都一样成为神。只有一点，就是恶人死后仍旧保持着前生的恶性而已”。神道的信仰也一样，善人成为善行之神，恶人成为恶神，但都是一样的成为神。本居氏也说：“因有善神与恶神，故须供其所好之物，弹琴吹笛，载歌载舞，并以其他适合神意者，慰其灵”。拉丁人称死人的有恶意的亡灵叫Larvae（恶灵），有善意或无害的亡灵谓之Lares（家之神）。这就是阿庇雷阿斯的所谓Manes（亡灵死者）与Denii（守神）。但两者都一样是神——diimanes（亡灵之神）。西赛洛曾经警告人要规规矩矩礼拜一切diimanes。他说：“他们都是由此世而去的人。应该将他们认为是神圣的”。

在神道里，和古代希腊的信仰一样，死这回事情，就是获得超人之力，以超自然的方法，予人以福利或不幸的事情。昨天，某某人还不过是普通的工人，一点也没有什么了不起，可是，今天因死而变成一个有可贵的力量的人，其子女们为了自己的事业繁荣，祈求这个人了。这正像希腊悲剧中的人物，例如阿尔赛提斯一样，突然因死而变了一个形状，成为一个神圣的东西，受人礼拜或祈祷。不过死人虽有超自然之力，至于自己的幸福，则是倚靠活人的。死人虽只可以在梦寐看见，但他们是需要地上的供物与服侍，饮食及子孙的尊敬的。鬼都为了得到安慰，要投靠活着的近亲的。他只能靠这近亲的信心，而得到其安息。即鬼是要休息所——适当的坟墓——和供物的。有了很好的休息所和适当的供物，鬼就觉得欢喜，而帮助保佑服侍他的人的幸运的。假使得不到坟墓、葬礼、饮食、与火，鬼就因饥寒而受痛苦，怒而为恶，而陷怠慢他的人于不幸。这是古代希腊人对于死者的思想，也是古昔日本人的思想。

关于亡灵的宗教，尝为西洋的祖先的宗教，北欧南欧都是一样的，而由此发生的风俗，例如以花饰墓的风俗，今日尚行于我们的最进步的社会中。这种思想，受了近代文化的影响，而发生了很大的变化，现在叫我们想象当时的人怎么会想到死者的幸福是靠着物质的食物的，也很困难。然而古代欧洲社会的真信仰，是和近代日本存在的信仰相似，这是可以知道的。死者当然不会取食物的实质——人们认为死者是只会吸取看不见的精气的。在祭祖的老时代，供给食物是普遍的举行的，后来想到鬼是连精气这样的供物也是不要的，于是这种供物渐渐减少了。但是供物无论怎样少，必须有规则的按时供给。死者的幸福是系于这种食物的。而生者的幸运亦系于死者的幸福。当时不能蔑视生死两者的互助。看得见的世界和看不见的世界，两者是给无数必要的羁绊结连着的，只要打破其中的一个结，一定会发生最可怕的结果。

我们回顾一切宗教上关于牺牲的历史，可知其都是由来于献给亡灵的供物的老习惯。印度、阿利安民族，从前也除了关于灵的宗教以外，别无其他宗教。事实上，一切进步的人的社会，在其历史的某一个期间，一定通过祭祖的状态。我们现在要想看这祭祖礼拜和高度的文化并存的事实，一定要到东洋去找。日本人的祭祖，虽然代表着阿利安人种以外的民族的信仰，其发达的历史又有种种有趣的特色，而又具体着一般祭祖的许多特征。其中特别存留着永存于风土各异的许多国家的，一切形式的三种信仰。这三种信仰是：

第一——死者是留在这个世界的——他出没于坟墓及以前的家庭，虽则看不见，是共同享受着活着的子孙的生活的。

第二——凡人死后，都获得超自然之力，而成为神，但是生存时的特质是仍旧保持着的。

第三——死者的幸福，系于生存者的可贵的服侍；生存着的幸福，又系于忠实对死者尽义务。

除这极旧的三条外，又有下列二条。这恐怕是在后世发达的，而一定发挥过伟大的力量。

第四——不管是善是恶，现世的事件，如四季和顺、丰收、洪水、饥馑、暴风雨、海啸、地震等，都是死者的所为。

第五——不管是善是恶，所有人的行为，是给死者支配的。

头三条信仰，是从文化的曙光时代，或在其以前，从死者没有力的差别，都是神的时代起，一直留到现在的。后两条，是真正的神话——广范围的多神教——从祭鬼发达而来的时代的东西。这种信仰决不是单纯的。那是严肃而可怕的信仰，在未受佛教之助将其驱逐以前，一定像永远的噩梦一样重重的压迫着人们的心。但是那比较温和的旧信仰，现在还是祭祀的根本要素。日本的祭祖，在过去两千年间虽曾发生过很大的变化，但是有关于人的行为的主要性质，倒没有给它发生过变化，而社会的全部机构，就建筑在这性质上，这恰如建筑在道德上的基础一样。日本的历史，实在是这个宗教的历史。关于这一点，政治的日本古语就是祭事，文字上表示政治就是祭祀，这是最值得注意的一个事实。今后我们将会知道：不独是政治，日本社会的几乎一切事情，都直接间接由祭祖而来，同时可以知道：国民的统治者，以及创造国民之命运者，不是生者，而是死者，即祖先之灵。

家庭的宗教

社会与宗教的进化的大体的过程上，划分着祭祖的三个时期，各期一一在日本社会的历史中说明着。第一期是在一定的文化未成立前，尚未有国家的统治者，社会的单位，是以大族长为主的一族，以其长老或武将为主君的时期。这个时候，只有一族的祖先之灵被祭祀着，各族单祭该族的死者，其他一切礼拜的形式，此时尚未成立。后来以族长为主的几个家族并在一齐，形成部族的氏族，这时候就有了部族祭祀氏族的统治者之灵的习惯。这个祭祀加在家族的祭祀上面，于是划出了祭祖先的第二期。最后，所有氏族或部族在一个最高主长之下统一了，于是有了祭祀一国的统治者之灵的习惯。这第三个礼拜的形式，是国家当然要保护的宗教。但这个形式并不是将以前的两个形式取而代之的，这三种形式是并存着的。

上述三期的发展，以我们现在的知识，未能明白追溯其迹，但根据种种记录，可以推断礼拜的永继不绝的形式，是由古葬礼发达而来。日本葬礼的旧习惯，和欧洲大相差异。这差异在日本方面，表示其在更原始的社会状态存在的。希腊与意大利的旧习惯，一族的死人是埋葬在该族的领地内的。因此希腊罗马的关于财产的法律，亦由这个习惯发生。有时，死人就埋葬在家的近旁。《古代都市》的著者，从关于这个问题的旧记录中，即由优利庇底斯写的海沦的悲剧里，引用颇有兴趣的祈愿如下："我来拜诣父亲的坟墓了，我为想常常来访问父亲，将你普罗蒂乌斯葬在往来频繁的地方，那么你的儿子塞俄克利梅奴斯，每次外出都可以来看你了……"但是在古代日本，人们从死的近旁逃开了。即暂时或永久放弃死人住过的屋子，这是很久远的习惯。我们可以这样想：无论在哪一个时代，将死人葬在一家还活着的人的住宅近旁，不会认为这是好的。据日本的可信赖的话，极古的时代并没有埋葬这回事情。尸体被搬到寂寞的地方，任鸟兽啄食。这倒不必去说，不过关于埋葬的习惯已经成立的时代，这个时候的古葬礼，倒有确实的文献。这种仪式是稀奇古怪，和一定的文化习惯毫无共通之点。我们有可以相信的理由这样说：家族的住宅，最初不是暂时，而是永久为了死人放弃的。他们的住宅是极简单的木造小屋，由这事实想来，上述的想象未必不是事实。总之，尸体在叫做丧期的一定期间内，被放在因这人之死而被放弃的家，或特为这个目

的而造的小屋内。在这丧期内，有饮食物供在死人面前，屋外则举行仪式。仪式之一为朗诵赞美死人的诗。这诗叫做诔辞。笛、鼓的音乐及舞蹈也有。夜里，在家前焚篝火。这些事情，在一定的丧期——据典；或作八日，或作十四日——举行之后，尸体就被埋葬了。这被弃的家，后来有变成祭祖先的社或灵屋的可能——即神道的宫的原型。

古时——不知道在什么时候——发生了一种习惯，即有人死亡时，给他造丧屋；埋葬前，先在这丧屋举行祭祀。埋葬的方法极简单，既没有坟墓这文字所表示的东西，也没有墓石。只在墓穴上面堆个土墩子，其大小视死人的身份而不同。

离开死过人的家，这风俗和日本民族族的祖先为游牧民之说是一致的。这种风俗，和古希腊罗马的文化那样固定的文化是完全相反的。希腊及罗马的风俗，埋葬虽小，总是承认那块地方的永久所有权的。不过虽在极古的时代，大概也有异于这普通风俗的例外——因必要而生的例外。即甚至于今日，在日本各处，特别是远离寺院的地方，也有农家将死人葬在自己的土地的习惯。

——埋葬后，隔一定的时间，在墓边举行仪式，供饮食物给灵。从中国传入灵牌，真正的家族礼拜成立后，在埋葬的地方供食物的风习，还是没有消灭。这种风习现在依旧存留在神道和佛教的仪式中。例如每春由敕使将鸟、鱼、海草、米、酒等自古一样的东西，供在神武天皇的御陵。这是献给那在二千五百六十年前开国的大君的灵的。但是未受中国的感化的时代以前，一族大概是只在丧屋或墓边祭祀死人的。当时人们以为死人的灵已入不可思议的地下世界，而它所住的地方，只是那个坟墓。人们又以为死人的灵除了食物以外，别的东西也是需要的。因此亡灵用的种种物品，例如武士的剑，妇女的镜子等，生前特别珍爱的物品，如贵金属宝玉等，和这些东西一齐埋在墓里。人们想象死人的灵，活着的时候要什么东西，死了后到那一个世界，也是需要那些东西的。在这个祭祖的时期，除了动物的牺牲外，又有人的牺牲，这可以认为是当然的。贵人死后，举行葬礼的时候，这种牺牲是普通的事情。为了某种信仰，——关于这种信仰，我们现在一点知识也没有——这种牺牲比希腊罗马时代的牺牲更残忍。做牺牲的人们，（马及其他动物有没有做牺牲，倒不明了）在墓的周围作环形埋在土中，埋到颈边，受鸟类野兽的啄食而圬掉。形容这种牺牲的两个字——人篱——告诉我们一次牺牲的人类是很多的。这种风俗约在千九百年前，为垂仁天皇所废止，但据《日本纪》说，这是上古的风俗。垂仁天皇之弟大和彦命死后，其墓上土墩子内照例埋了牺牲者，天皇听见他们的哭声，生怜悯之心，便宣告道：“生存时宠爱过的人，现在强迫殉死，太可怜了。即使这是古来的风俗，假使这是不好的，为什么要照着做呢？今后须商量废止殉死！”当时宫廷的贵绅野见宿祢——现在被祀为相扑（即日本的摔跤）的恩人——就提议用泥做的人与马，以代生物。这个提议蒙皇帝嘉纳了。人篱就此废止了，但是自愿或被迫跟着死人而去的事情，继续到数百年之后。公元六百四十年，孝德天皇曾为这个问题，下了诏书，可为明证：

> 凡人死亡之时，若经自殉，或绞人殉，或强殉亡人之马，或为亡人藏宝于墓，或为亡人断发刺股而诔：如此旧俗，一皆悉断。

这个诏书对于强迫的牺牲和世间的风俗，大概立刻发生了所希望的效果，但是自愿的牺牲，并没有绝对禁止。跟着武权的抬头，发生了另外一种殉死，跟死了的主君而去的风俗——就是用刀自杀。这种殉死，始于公元一三三三年左右，当北条执权的最后一个人高时自杀之后，其多数臣下跟着主人切腹的那个时候。这个事件是否真的造成了这种习惯，倒有疑问的余地，但是十六世纪时，殉死在武士之间已成为一种有名誉的习惯。忠义的家臣，认为主君死后，自杀而随主人入冥界，是自己的本分。佛教在一千年间的教化，也没有能力将这把牺牲当做本分的原始的思想消灭掉。这种习惯继续到德川将军的时代，将军家康便制定了禁止的法律。这法律是严厉执行了。自杀者的全家族，殉死时要负其责任。但是这种习惯到明治时代后经过很长的时期，还是不能够完全消灭掉。我在日本的时候，余风未坠，发生过极令人感动的事情；他们为了希望自己能够服侍主人、丈夫、双

観音堂

亲在那看不见的世界的灵，而去自杀。最奇怪的，是十四岁的少年，为了想服侍主人的幼子之灵而自杀的事情。

在墓旁殉死的特别事实，葬礼的特征，及放弃死人住过的家，这些都是证明这祖先礼拜是原始的。神道认为死是不净而特别畏惧，这事也可以拿来做证明。在今日，去参加葬礼一事——假使葬体不是依照神道的仪式举行的——便是宗教上的污点。上古的伊邪那岐命，为寻觅他的死了的配偶（伊邪那美命）而下黄泉的事情[①]足以说明那关于支配着死的魔神的从来的可怕的信仰。把死当做腐蚀而恐惧，这和祭祀亡灵之间，并无任何不调和的地方。吾人应将祭祀解释为赎罪。这最古的神的道，是永久的恐怖的宗教。职是之故，普通人的家，死人之后，即予放弃，连天皇在最初几世纪之间，先帝崩后，亦以迁都为常。但从这原始的葬礼，慢慢发达了高等的祭祀。悲哀之家，即丧家，变成神道的社，现在还保存着当时的小屋子的形。后来受了中国的感化，祭祖在一家之内坚守不失，再后来佛教更使它继续下去。家族的这个宗教，慢慢变成教人懂得哀愁的宗教，又变成以义务本分为主的宗教，改变了人们对于死人的观念，并使这种观念和缓起来。远在第八世纪的时候，祭祖发展了现在还保存着的三种主要形式。尔来家族的祭祀便开始具有了和古代欧洲文化的家族宗教在许多点上非常相似的性质。

现在来看现存的家族祭祀的形式吧。我们要看的是日本

① “古事纪”的神话。后章“神道之发达”中有说明。——译者注

的一般的宗教形式。日本的每一个家庭，一定有为此而设的神坛。假使那个家庭只有神道的信仰的话，则神坛即御灵屋[①]（尊严的灵的住处），放在里面的房间的壁上的架上。神坛的形，可以说是小规模的神道的社。安置神坛的地方，约在离地板六尺之高处。安置神坛的架子叫做“尊贵的灵的架”。这神坛有白木做的小板牌，上书一家的死人的名字。那家族若是以佛教的形式礼拜祖先的话，死人的板牌便安置在佛教的神坛即佛坛里面。佛坛占有里面房间的地铺的上部。佛教的这死人的板牌（有若干例外），叫做位牌，其义为“心的追忆”。牌上涂漆，金色，其台上雕有莲花，上面所书名字，大概不是死者的真名，而是法名或戒名。

在这里重要的，是无论哪一种礼拜，这板牌（即灵牌）事实上表示小型的墓石。这是进化上有兴趣的事实。不过这进化与其说是日本的，不如说是中国的。神道的墓地的简单的墓标，是亡灵形的木头，或者是神木，但是老式的佛教墓地的墓石，其形如灵牌。大凡灵牌为要表示男女的性别和年龄，形状各自略有差异，墓石亦然，其形亦略有差异。

一家的神坛内的灵牌数，通常不超过五个至六个。因此家中只有祖父母，父母以及最近死的人的灵牌。但是远祖的名字，则记在卷轴里，藏在佛坛或神坛中。

不论家族的礼拜仪式如何，祖先的灵牌前，是要天天祈祷，天天供食物的。食物的种类及祈祷的性质，视一家所信

① 通常称为宫，即严肃的家之义。普通的神庙也叫做宫。

仰的宗教而定，但是祭祀的主要义务，则是家家一样。无论有什么事情，这义务是不能漠视的。因此当时通常由年长者或一家的妇女来执行。①祈祷既无冗长的仪式，也没有命令式的规则，也没有什么严肃的地方。祭品是从家庭的食物里选出来的。在口中低念的祈词，是简单的。这仪式看上去虽很无聊，但这实行决不是可以轻视的。恐怕做梦也不会忘记供祭品给死者之灵，只要家族存在，这事是一定要做的。

要详细叙述家庭的礼拜仪式，需要许多篇幅——并非因为它复杂，而是因为和西洋人的经验大相差异，视一家的宗派如何而异的缘故。细目可不必去研究吧，要在考察那是哪一派的宗教，同时考察那信仰的时候，要和人的性格及行为关联起来。不过除了这家族的礼拜外，别无更真的宗教，也没有更使人感动的信仰，这一点是深深铭记的。因为这信仰认为死人依旧是一家的一分子，因此他还是需要子女近亲的爱情及尊敬的。在那恐怖强于爱情的黑暗时代——在那想使死者的阴灵喜悦的欲望，主要由畏惧死人发怒的心发生

---

① 但是在公共的场合，例如亲族集合在一家举行周年时，便不这样了。这时候祭祀是由一家之长执行的。关于供给食品的器皿及食物给众神的老习惯——曾经是日本的每一个家族的习惯，现在还保存在神道的家庭的习惯——萨都爵士这样说：“这些祭祀诸神的仪式，最初由一家之长执行，后来交给一族的妇女们”。（古日本的祭祀“Ancient Japanese Rituals”）关于古仪式，我们也可以知道在极古的时候，这事情也为了便利起见，交给妇女们去做。这义务成为一家的年长者——祖父母——的事情时，管理祭品的人通常是祖母了。在希腊罗马的各家庭，举行家族的仪式，好像也是家长的责任，不过我们知道，妇女们也是参加的。

的时代——开始的这个祭祀，终于发达为爱情的宗教，至今不变。死者在要求着爱情，冷淡死人的残酷的，死者的幸福视生者如何履行义务而定，这样的信仰，是将那最初畏惧死人动怒的恐怖心完全抛弃了的信仰。他们并不认为死人是已经死了的，他在曾经爱过他的人们间，仍旧存在的。人的眼睛虽然看不见，死者还是守护着家，注意着住者的安宁。又每晚在神坛的油灯的光内飘浮着，那油灯的火焰的摇晃，就是死人在那里动着。死人大抵住在写有文字的灵牌里面——有时给予灵牌以生命——使它变成人的肉体，为帮助生者，安慰生者而回到现世。死者就从神坛见闻一家发生的事情，和一家共喜爱，听周围人们的声音，得到温情，便会快乐。他们虽然要求爱情，但是一家朝夕的行礼，也足够使他们欢喜。他们又需要食物，但只要食物的精气就够了。他们只对于每天向他们行礼这回事情是严格的。他们是给予生命，给予财富的。一家之有今日，是靠了他们；指导今日者，也是他们。他们又代表着民族的过去，和民族的一切牺牲；生者现在所有的，都是他们所赐。然而他们所要求的东西，倒非常的少。只要把他们当做一家的建立者，保护者，而以这样简单的话表示谢意就行了："尊贵的灵呀！对你不分昼夜给予我们的帮助，接受我们恭敬的感谢吧。"忘记他们，冷淡他们，就是邪心的证据。又以行为侮辱他们，以恶事玷污他们的名字，这是最大的罪恶。他们是代表着这民族的道德行为的，否定道德行为者，就是否定他们，这种人是属于野兽之列，或者堕落到更低的地方。他们死人代表着无文的法律，社会的传统，以及人们对于人们的本分，犯这些事的人，就是对死者犯罪。最后，他们又代表着眼睛看不见的神秘的世界，从神道的信仰来说，至少他们是神。

适当于英语Gods的日本语“神”，和古拉丁语Dii-manes一样，并没有含有神性（Divinity）这个与近代的概念一致的观念：这是必须记住的。日本的“神”这个字，用“尊长”（The Superiors）“高贵的人们”（The Higher Ones）等语来表现，也许更恰当。事实上，这字过去既用来代表鬼神，但同样也用来代表现实的统治者。不过，这字含有的意义，远在“离开了肉体的灵”这个观念以上，因为根据古神道的教，人死则变成世界的统治者。所有死人都是自然界的事件的原因。风，雨，潮流，发芽，成熟，发育，衰灭，使人快乐的事情，可怕的事情，以及其他一切原因，都在于死人。他们死人成为一种精妙的元素——从祖先传得的精气——遍存于宇宙之中，不断的活动着。他们的力量，假使为某种目的而结合起来，便会成为不可抵抗的力量。因此，国家遭遇危机的时候，就祈求他们帮助，以抵抗敌人，把他们作为全体而祈祷。所以从信仰的眼睛看来，各家族的亡灵的背后，有着无数神们的不可测度的力量。因此，对于祖先的义务感，为了这个左右世界的力量——为了畏敬这不可视的广大无边的力量之念——加倍深刻化。据原始神道的思想，宇宙是充满着阴灵的。据后代的神道的思想，阴灵的存在，是不受场所与时间所限制的，每一个灵也一样。平田笃胤说："灵的居处是神坛之内，但同时灵被祭着的地方，灵是到处存在的——因为是神，故无往而不在。"

佛教信徒的死者，不叫做神，而叫佛（Hotoke）。这个字与其说是表现着信仰，不如说是表现着由信心而来的希望。据这信仰，死人是单在走向更高的生命状态的途中；所以既不像神道的神一样被祭祀，也不受人祈祷。即祈祷是为死人而作，故通常（佛教的仪式内亦有例外）不是向死者而作的。不过日本的佛教信徒，大多数是神道的憧憬者；这乍看似乎不合理，但这两种信仰在世人的思想里已经调和了许久了。因此佛教的教理，对于祭祀祖先所附带的思想，并没有给予怎样深刻的影响。

在有一定的文化的族长政治的社会里，产生着尊崇孝道的宗教。在有祭祖文化的人民间，孝道今日还是最高的道德。但孝道这两个字，和普通以英语所传者不同。英语的解释是：子女对于双亲的尊敬。这是不对的。所谓孝，宁可以古义，即罗马人的pietas（此字含有义务，爱情，感情，爱国心，对于亲族之忠实等意）来解释。详言之，应将一家的本分在宗教的意义上加以解释。即在这文字之中，包含着这一切东西，如对于死者的敬意，对于生者的义务感，子女对于双亲的爱情，双亲对于子女的爱情，夫妇相互的义务，养子养女对于作为一体的家族的义务，仆婢对于主人的义务，主人对于从者的义务等等。家族本身就是宗教；由祖先传来的家，就是寺庙。我们在日本可以看见一族和家，到现在还是这个样子。所谓孝道，在日本不仅是子女对父母及祖父母的义务之意，它含有更高的意义，如对于祖先的祭祀，对于死人的敬虔的服务，现在对于过去的感谢，个人对于一家全体的行为等。所以平田氏说，一切德义，均出于祖先之礼拜。沙多爵士翻译的平田氏的话，尤其值得注意："把自己当做祖先的仆人，精勤礼拜祖先，这是臣民的本分。收养子养女的习惯，是由于祭祀祖先，不使之断绝的自然的愿望。这个愿望，是决不可闲视不顾的。献一身于祖先的回忆，这是一切道德的源泉。能够对祖先完全尽其义务的人，对于诸神及在世的双亲，也决不会做不敬的事情。这样的人，对于王侯则忠实，对于朋友则真实，对于妻子则亲热温柔。因为献身这事的来源，实在就是孝的心。"

由社会学者的见地来说，平田的思想是对的。东亚的伦理的整个系统，出自家族的宗教，这是无可置疑的事实。因祭祀之助，发生了对于生者及死者的一切义务感；如畏敬之念，忠实之感，献身的精神，爱国的精神等。在东洋，生命是可以购买的。由这事实最易想象孝道会发挥怎样的宗教上的力量。这种宗教是中国及其诸邻国的宗教。在中国，生命是可以出卖的。因有中国的孝道，巴拿马铁道才得完成。在巴拿马，开拓土地是让死神跋扈的事情。几千个工人给大地吃掉了，白种人及黑种人的数，终于不够来完成这个事业了。但这劳工从中国得到了，以生命的代价得到了，要多少就有多少。这生命的代价，是真的付出了；无数人从东洋而来，服劳役而死了。这是为了这些人们的生命的代价，可以送到他们的家族跟前。我不怀疑，假使这样的牺牲，以命令形式要求的话，生命在日本也是立刻可以买得到的——即使价钱大概没有那样便宜。这种宗教所行之处，个人为了家族，为了家庭，为了祖先，随时可以贡献他的生命。能够使人这样牺牲的孝道，推而进之，会成为了主君不惜牺牲家族的忠义之念。再推而进之；则如楠正成一样，会变成希望七度投生以报主君的忠义的心。从孝的心发达了守护国家的一切道德上的力量——当压制政治危及世间的安宁时，对于官厅的暴政，也往往不辞加以正当的限制的力量。

在古代西洋，以家族的神坛为中心而存在的孝道，和现在远东依旧发挥着力量的孝道，本来并没有多大差异。不过我们在日本，看不到阿利安民族特有的炉边，即屋内放着燃烧不熄的火的家族的神坛。日本的家庭的宗教，其发生时期，远较希腊人及罗马人间在有史时代有的为古。古代日本的所谓母屋，并不像希腊或罗马的家庭一样，有确定的组织。将家族的死人埋葬在该家族的所有地的习惯，一般是没有的，住宅本身就没有确定的永久性。罗马的武士可以说proaris et focis“为我们的圣坛及炉边”，但这句话用在日本的武士就不妥了。日本的家没有圣坛，也没有神圣的火，它有的是夜夜点着小小的神灯的灵架神坛。古时，日本并没有众神的影像。它没有雷利斯和皮内提斯（Laresaud Penates在冥界护家的罗马诸神），有的是祖先的灵牌，另外有小板牌，上面只有其他诸神——守护神的名字。因为有这样脆薄的木制的东西，家庭才更像个家庭。又因此，这些东西当然到处可以搬走。

现在西洋人要理解这个一家的宗教，礼拜祖先（这是现在活着的信仰）的完全的意义，已经不容易了。我们阿利安民族的祖先，究竟对于死者怎样感想，关于这，我们只能漠然想象而已。不过我们在日本的活的信仰中，可以得到许多东西，暗示古希腊的敬神之念，究竟是怎么一回事情。男人也好，女人也好，他们认为一家的各分子，都无时不受着灵的监视，灵的眼睛注视着各人的每一个行为，灵的耳朵又听着他的话。和行为一样，思想在死者的注视前，也无法逃开。因此，灵所在的地方，人的心必须至纯，精神也必须受抑制。这种信仰的感化，一定在数十年之间，不断地加在人们的行为之上，结果，造成了日本人的性格的美的方面。不过在这家庭的宗教里面，现在并没有任何严肃得令人蹙眉的地方——佛斯特·德·克兰治认为特别是过去罗马的特征的严峻性，在日本的家庭宗教中，丝毫也没有。日本的家庭宗教，可以说是感谢与温情的宗教，死了的人，活像真有身体而与一家人一同起居一样，受着家族的服侍。我这样想，我们暂时也好，假使能够置身于希腊某都会的过去的生活里面，一定可以发现他们的家族的宗教，和今日日本家族的祭祀一样，都是快活的。我又这样想象，三千年前的希腊的儿童，正像现在的日本孩子一样，看见祖先灵前供着什么甜东西，就想伺机偷吃，而希腊的双亲，也像日本的双亲在明治时代申叱孩子一样，申叱中加以教训[①]，暗示这样偷吃是不吉的，总之，温和地申叱了孩子们。

① 供与死者的食物，过后由家中的长者吃掉，或顺礼施与，但孩子是不好吃的，吃了，据说长大了没有记忆力，不能成为学者。

日本的家族

凡是自古永继而来的祖先礼拜，构成其基础的大而且广的思想，就是认为生者的安宁是倚赖死者之安宁的思想。古代的家族组织，财产及继承财产的法律，换言之，即古代社会的全部组织，都在这思想及由这思想发展的祭祀的影响之下发展而来。这在东洋与西洋，都是一样的。

但是未去思考旧日本的社会组织如何由祭祖形成以前，我得请读者郑重注意一件事情，即在最初的时候，除了死者以外别无所谓神。当日本的祖先礼拜造出了神话的时候，其中诸神不过是鬼变换了姿态罢了。这就是一切神话的历史。天国及地狱的思想，在原始的日本是不存在的，轮回的观念，也是一样。佛教的再生的教——这是后来由他处借来的教——也是和上古日本的信仰是完全不两立的，为了树立这个教，曾经需要过有力的哲学教理。不过，我们可以这样想象：日本人对于死者的旧思想，和荷马以前时代的希腊人的思想，是非常相似的。那时的人以为有鬼下去住的地下世界，但鬼是又喜欢登在自己被葬的墓地或神坛旁边的。以为鬼有普遍存在的力量的思想，并非最初就有，而是后来慢慢发达的。甚至于在这思想发展的时候，人还是以为鬼是特别喜欢附丽在墓地，神殿，或住宅的。平田笃胤在十九世纪之初这样写着："死者之灵，继续存在于我们周围到处都有的不可见的世界里面，变成赋有种种性格及种种程度之力的众神。有的住在为祭祀他而建立的社里面，有的住在坟墓近旁，都继续和生前一样服侍着他们的主君，双亲，以及妻子等"。不用说，这"不可见的世界"，大体是可见的现世的模仿，人们以为两者是一样的，那个世界的幸福，是倚赖生者之助的。即生者与死者是相依为命的。因此鬼最需要的事情，是有供馔的礼拜，而人认为最重要的事情，是将来有人准备祭他的灵。没有得到将来有人为他祭祀的保证而死去，是最大的不幸……懂得这种事实，就容易了解族长家族的构成。这构成是为了准备保守死者的祭祀而成立的，人们以为疏忽这个祭祀，就会招致不幸。

读者一定会注意到在古代阿利安民族的家族内，结合着这家族的羁绊，并不是以爱情为主的羁绊，而是宗教的羁绊，所谓自然的爱情，只有从属的地位罢了。这个情形在有着祖先礼拜的地方，必定成为族长的家族的特征。因此，日本的家族，也和古希腊罗马的家族一样，是严格意义的宗教社会，现在还是照样保存为宗教的社会。它的构成是依从祖先礼拜的要件而成立的，后来进来的孝道之教，也是早已在中国应同种宗教的需要而发达的。我们认为在日本家族的构成，法律，习惯等，与旧阿利安民族的组织及传统的法律之间，可以发现许多类似点。社会学的发展的法则，仅容少许例外存在，而大抵是相同的，因此事实上，这许多类似点是显然可以发现的。深加比较研究的材料，尚未搜集齐全，因此关于日本家族过去的历史，还有不十分明了的地方。但就大体来说，古代欧洲的家族制度，与东亚的家族制度间的类似，是容易找得到的。

在初期欧洲的文化，以及旧日本的文化，都有一种信仰，以为若能严格的去尽那祭祀祖先的任务，一家就会繁荣。这个信仰现在还支配着日本家族的生活，这是显著的事情。他们现在还以为一家的幸运，在于拜祖先，而最大的不幸，则是不留下一个为祖先祭祀供馔食的男子。在古代希腊人与罗马人之间，所谓孝的最高任务，是使家族的祭祀永继不绝，因此独身生活通常是被禁止的——结婚的义务，不由法律来励行，即由舆论来励行。在古代日本有自由权的阶级，结婚照一般的规则来说，也是嗣子的义务，独身生活不由法律定为有罪时，即由习惯受到非难。次男以下，无子而死，不过是个人的不幸，但是嗣子无后而死，即是对于祖先的罪恶——因为这样则祖先的祭祀有断绝的危险。无论借什么口实，无子是不能容许的。日本的家族的法律，正和从前的欧洲一样，没有儿子的时候，就有充分的准备。即就是妻无子的时候，她便有被离婚的可能。没有离婚的理由时，便可为获得世嗣而置妾。家长又有收养他人之子为世嗣的特权。不良的儿子，也有被废的可能，而收他家青年为义子来代替。最后，全是女子的时候，则由长女迎夫入赘为义子，以继祭祀。

不过和古代欧洲的家族一样，女子是不能继承一家的。继承的血统仅属男系，故有获得男性嗣子的必要。据古日本的信仰，和古希腊罗马的信仰一样，赋予生命者，不是母亲，而是父亲，创造生命的本源，在于男性，保持礼拜的任务，不属于女子，而属于男子。

妇人也参与祭祀，但不能保持它。而且一家的女儿们，一般都有嫁给他家的命运，所以对于家庭的祭祀，只能有暂时的关系。妻必须信奉和丈夫相同的宗教，因此和希腊的妇人一样，日本的妇人嫁到他家，当然会参加丈夫的一家的祭祀。职是之故，特别是族长的家族中的女性，因为不能和男性同等，因此姊妹也不能和兄弟同列。日本的女儿也和希腊的女儿一样，结婚后也可以住在自己的家，这是事实。这是丈夫入赘而为他家的义子，换句话说，这是丈夫被妻家迎为儿子。但在这样的情形下，女儿也只能参与祭祀，而负有保持祭祀的任务者，则是被收为义子的丈夫。族长家族的制度，无论在何处，其起源都在于祖先的祭祀。因此未思考日本的结婚及义子问题以前，有将古代家族的组织，加以一

述之必要。古时的家族，叫做氏（ウヂ）——这字本来与近代的文字ウチ（内）即内部或家同义，但从极古的时代，已用为“名”——特别是氏族的名的意义了。氏有两种，大氏（即大族）与小氏（小族），两者都是由血统及同一祖先的祭祀结合而成的团体。小氏隶属于大氏。社会的单位是氏。形成原始日本的社会的大团体，单由这氏结合而成——我们称为一族也好，称为氏族或部族也好。随着一定的文化的发生。大的团体当然分裂开来，接着分得更小。不过其中最小的分派，还是保持着当初的组织。甚至于近代日本的家族，其中一部分仍旧有着那个组织。那不是一家的意思，而是和那希腊罗马的家族在部族（Gens)分解后形成的状态一样。我们欧洲人这方面，家族已经完全分解，我们现在指某人的家族时，是指那人的妻而言。然而日本的家族却是更大的一伙子人。因为尚早婚的缘故，一个家之中有曾祖父母，祖父母，父母，儿女等几代的儿女，通常在一个家族以上。在古时代，也许那个家族包含着一村或一镇中所有的人员。因此在今日的日本，还有很大的社会，其中的人都是一个姓。在某地，以前这种习惯，尽量想法子将儿女们放在本来的家族团体里面，例如所有的女儿都给她招夫入赘为义子。这样一来，在一个屋顶下住的团体，便由六十人或六十人以上而成，家这时候当然便要扩充加建起来（我只为了说明，记了这样不可思议的事实）。但是氏族定居之后，大的氏急速增加起来，边鄙的地方虽还有一家构成一社会的情形，但是原始的族长的团体，一定在到处老早分解了。其后氏的主要祭祀还是继续下去，又遗留为它的小区分的祭祀，以前的部族的人们继续祭祀了同一个祖先，即氏神。后来慢慢的，氏神的神坛变成近代神道的社，祖先的灵变成了地方的守护神。后来普遍成立了一家的祭祀后，每一个家除了社会全体的祭祀以外，又为一家的死者而特别举行祭祀了。这种宗教上的状态，现在仍旧存在着。家族虽包含着许多的家，但各家又各自祭祀着自家的死者。一族的团体，不拘其大小，现在还保守着它的旧制度与特征，它现在还是宗教的社会，它还要求着家族的各员服从传统的习惯。

有了这些说明，那么在家庭户主行祭祀的制度中，关于结婚及义子的习惯，恐怕可以明白了解了吧。不过这个现在依旧行着的制度，觉得尚有一述之必要。理论上，家长的权力还是一家中最高的。所有的人都要服从这个家长。此外，女性则要服从男性。妻要服从丈夫，家族中的年轻人要服从年长的人。儿女们非但要服从父母与祖父母，在同辈之间，也要守服从上长的家法，即弟服从兄，妹服从姊。优先的法则，执行得很温和，不过是严格的，甚至于许多细小的地方，也是欣然服从着，例如吃饭的时候，长男最先，次男以下依次受服侍。有一句俗话，讥笑次男为“吃冷饭的”，这足以说明这个习惯。这是因为次男要等小孩子及年长的人把饭装好，然后才挨到自己，那时饭已冷了。法律上，一族只可以有一个负责的家长。这个家长，也许是祖父，也许是

父，也许是长男，不过大抵是长男，因为依中国传来的习惯，老人等到长男可以做事了，便将实权交给他，自己则去隐居。

年轻者服从年长者，女性服从男性——事实上家族现在的全部制度，大概就是过去族长的家族的，恐怕比现在更严格的制度的遗迹了。本来这种家长，过去是有无限的力量的统治者，同时是神官。这制度本来是宗教的，现在也是。构成家族的人，不是结婚上的结合。在今日，作为妻而加入一家的女子，有着一个义女的地位。结婚是做义子义女的意思。结婚的女子叫花嫁（新娘）。以同样的理由，作为一家的女儿的丈夫而加入这家的青年，他的地位也是义子的地位。这样加入一家的新娘与新郎，当然要服从年长者，有时会因年老者的意志而被驱逐出去。做义子而加入他家的丈夫的地位，是困难而微妙的。“有米糠三合，别入赘他家”，这句日本的俗话，可以做证明。

义子及义女，从前差不多是任意可以驱逐的。不过我们不可忘记，古时日本家族的结婚问题，是有宗教上的意义的——结婚是孝道的主要任务。这在古代希腊罗马的家族也是一样的。那时希腊人及罗马人的婚礼，不在寺院举行，而和现在的日本一样，在家庭举行。这是家族的宗教的礼——假定新娘在祖先的灵前，被接入那一家的祭祀内的礼。原始的日本人间，恐怕还没有这样的礼，不过等到一家的神祀制定之后，婚礼成为宗教上的礼，至今不变。但是普通的结婚，除非有特殊的事情，并不是在一家的神坛前或祖先的神牌前举行的。普通关于结婚的规则，如果新郎的双亲尚在，则不在神牌之前举行，如果双亲已亡，则新郎将新妇带到神牌前，新妇就在这里立誓服从。以前至少贵族间的结婚，其宗教性更为显明日本的婚礼的变迁，大体跟随中国的先例，而在中国的族长的家族，其婚礼与古希腊罗马的婚礼一样，是完全独自的宗教仪式。日本的婚礼与家族的祭祀的关系，虽不甚显著，但研究的结果，已十分明了。例如新郎新妇用同杯相互饮酒一事，酷似罗马的Confarreatio（结婚时，将一种麦饼夫妇共食之礼）。举行婚礼后，新妇便加入家族的宗教里面。她须将丈夫的祖先认为自己的祖先而畏敬，如果丈夫的家没有年长者，便要负担代替丈夫奉荐食物的义务。但是从今以后，新妇对于娘家的祭祀，便毫无关系了。因此一个女儿为结婚而离开两亲的家时，举行一种葬送——严肃地扫除家中所有房间，在门前为死者焚火——这表示在宗教上已经分离的意思。

关于希腊罗马的结婚，克兰治这样说：“这样的宗教，决不容许一夫多妻。”《古代都市》的著者（克兰治）所想的那种社会是非常发达的家族的祭祀，关于这一点，克氏的记述殆无置疑的余地。然而关于一般的祖先礼拜，或有失其正鹄的地方。因一夫多妻与一妻多夫，都能与祖先礼拜的尚完全未进步之形共存。克氏所研究的那个时代的西方阿利安民族的社会，的确是一夫一妻。古代的日本社会，则是一夫多妻，家族的祭祀成立以后，还有这样的习惯。在极古的时

代，结婚的关系就不大正确。妻与妾之间，没有任何差别，这区别恐怕是后来受中国的影响而发生的。后来随文化的进步，统治阶级虽是一夫多妻，一般的倾向，则是一夫一妻了。家康遗训第五十四条，很明白的说明这个社会状态——这是一直继续到现在的状态：

> “妻妾之差别，应以君臣之礼为之，妾则天子十二妃，诸侯八嫔，大夫五嫱，士二妾，其以下匹夫也。”

由此看来，可知蓄妾一事，久为特殊的权利。此事继续到大名制度及武家阶级废止的时代，这一点足以说明古代社会的武力的性质（请阅斯宾塞著《社会学原理》第一卷第三一五节）。家族的祖先礼拜，与一夫多妻不两立之说，虽非事实，但至少这种礼拜，因一夫一妻的关系而得便宜，因此有了发生这种制度的倾向，则是事实。我们可以这样说：古时的日本社会，即使不是一夫一妻，但是自然的倾向，因为一夫一妻最适合家族的宗教及多数人民的道德观的条件，因此向着这方面走了。

家族的祭祖一般的普及之后，结婚问题便和孝道关联起来，把这事情交给年轻人自己去决定，便觉得不妥当了。换句话说，结婚问题不由孩子们自己决定，而由家族来决定。因为男女间的爱情，对于家庭的宗教的要求，实在没有什么力量。结婚不是爱情的问题，而是宗教上的义务的问题。关于这个问题，如果另抱成见的话，便是违背了神的教。爱情过后会在夫妻的关系中发生出来吧。不，爱情是应该在这样的关系中产生的。不过，无论怎样的爱情，一有了危害一族的团结的力量，便被当做罪恶了。因此，有时因为丈夫过于痛爱他的妻，妻就被离婚，有时入赘的丈夫，因为他的爱情对于自家的女儿太有感化力，便被撵走。总之，要离婚的时候，家族一定会给你一个别样的理由，而这种别样的理由，想要并不难。

夫妇的爱情既然限制在一定范围内，那么双亲的权利（据我们的理解）在古时日本的家庭里也是被限制的。原来结婚的日子，是为了得到继续维持祭祖的人，因此生下来的孩子，与其说是父母的，不如说是家族的。所以母亲被离婚，或入赘的父亲被离婚离家，或父亲被废嫡之后，他们生下的孩子还是给留在家里的。因为年轻的父母的权利，被认为是附属于一家的宗教上的权利的。反对这宗教上的权利者，无论是什么权利都被排斥。当然，事实上由于多少幸福的情形，个人在世袭的家中，也会享有自由，但从理论上及法律上讲，旧式日本家族的一员，是没有什么自由的；责任重大的家长，也不能例外。家族中的每一个个人，由小孩以至祖父，总向自己以外的某人服从着。家庭内的个人的行为，因传统的习惯而受着限制的。

和希腊或罗马的父亲一样，古时日本的家族的家长，对于家中其他所有的人具有生杀与夺之权。我们可以想象，在遥远的未开化时代，父亲会将他的孩子杀掉或卖掉的。到了后代，在统治阶级之间，父亲的权力差不多还是没有限制；这种状态一直继续到近代。有些地方虽因传统而有例外，又有的阶级因服从的情形而算例外，一般的说，日本的家长本来是一族内的统治者，是祭司，是法官。家长可以逼使儿子结婚，也可以逼使儿子不能结婚，又可以将长子废为庶子，可以逐出家庭，可以决定孩子们的职业。家长的权力又及于家庭中的其他分子及家中的佣人。在普通的家庭，家长的权力在某时代也曾受过若干限制，但是在武人阶级，这家长的权力Patria Potestas几乎是无限的。说到极端，父亲的权力可以左右一切——对于生命及自由的权利——逼使结婚及强迫维持结婚状态的权利——对于自己的孩子的权利——保有财产的权利——保持官职的权利——选择职业或维持职业的权利——可以左右这一切事情。换句话说，家庭就是专制主义。

不过这样的独裁主义，若从宗教上的信仰来讲，是被认为正当的。一切事情，若为了一家的祭祀，便该供作牺牲。家族中的各分子，为了使一家永继不绝，必要时生命也要提供。由这样的确信看来，这种独裁主义是正当的。此点不可忘记。记住这一点，便容易了解在这其他方面有进步的文化的社会里，将父亲杀儿子或卖儿子当做正当的事情了。儿子的罪恶，会招致一族的灭亡，祭祀断绝。尤其是日本武士的家族，整个家族对其中的一员负有责任，其大罪会株连全族被处死刑，甚至于小孩也不能逃避，在这样的武士社会里，那是更加正当的。逼于极度的必要时，有时女儿的卖身能挽救一家的灭亡；孝道为了一家的祭祀，甚至于要求家中的一分子服从这样的牺牲。

如在阿利安民族之间一样[①]，财产依长子继承的权利，由父传给儿子。长子在其他财产分给其他多数儿子的时候，宗家总是由他来继承的。不过属于宗家的财产是家族的财产。这财产不是传给作为个人的长男，而是传给作为一家的代表的长男。大体的讲，父亲做家长的时候，不得到他的承认，儿子无法获得财产。照规矩，——虽则有种种例外——女儿不能继承一家，因此一家只有一个女儿的时候，便招夫入赘为义子，一家的财产就会落在这个义子手里。因为（一直到最近）妇人不能成为一家之首。这在西洋阿利安民族的家族，在礼拜祖先的时代，也是同样的。

由近代的想法来看，旧日本家族中的妇人的地位，那真是不幸福的。做孩子的时候，女人不独要服从长辈，对于家中其他所有成人的男子也要服从。出嫁到别人的家，也同样要服从，而且更不如的是，过去在自己祖先的家中可以得到的父母兄弟姊妹的爱情现在是没有了。她所以在丈夫的家里，并不是由于丈夫的爱情，而是由于多数人的意志，特别是年长者的意志。离婚的时候，女子也不能要求将自己的孩子带走，因为她的孩子不属于她而属于丈夫的家族。无论什

① 古时日本的父子继承法，随阶级地方及时代而大异，关于此事的整个问题，尚未充分讨论，因此这里仅述一点比较可靠的一般事实。

么时候，妻的任务比家中的女佣人还要苦。只等到年老之后，女人才有希望发挥一点权威，可是在这个老年，她还要受人家监护，女人的一生可以说完全是在监护人之下过的。“女人无家于三界”，这是日本的古谚。女人又不能有单属于自己的祭祀。为了一家的女人们的祭祀是没有的。和丈夫的祭祀没有关系的，单属于妇人的祖宗的祭祀是没有的。女人因结婚而加入更高位的家族时，她的地位越发困难了。贵族阶级的妇女，自由是完全没有的。贵族阶级的女人，如果不坐轿子，或有人警护，连门外也不能走出去。如果丈夫有妾的话，妻的生活恐怕更苦吧。

以上就是古代的族长家族的情形。但实际上的情形，大概比法律及习惯的表示好得多。日本民族本来是明朗快活的，因此在数世纪前就克服了人世的困难，而发现了许多将法律及习惯的严厉的要求使之软和的方法。家长滥用其伟大权力的事实大概很少。家长虽有法律上最可怕的权利，不过这些权利是因为他有责任所以自然具有的，因此不至于连社会的批评也不顾的滥用权力。我们须记得在古时代法律上是不承认个人的，被承认的只有家族，家长在法律上是作为一家的代表人而存在的。因此家长犯了过失，全家人都要株连受罚。同时家长过分使用权力时，也要负相当的责任。他能使他的妻离婚，又能赶走儿子的妻，不过这种行为都要对被离婚者的一族负责任。离婚一事，特别是在武士的阶级，有引起家族之怒的危险，因此非熟虑不可。无理叫妻离婚一事，被认为是对于妻的家族的侮辱。家长可以使唯一的儿子脱离关系，但是除非是下等阶级的人，家长总得向社会声明这件事情[①]。家长对于一家的财产有时处理不当，这时便可以向有关方面控诉，结果有时家长也会被命退隐。由我们所研究的古时日本的法律中今日尚残留者判断起来，家长也不能出卖或让渡其所有地，这好像是一般的规则。家族的统治是独裁式的，但这统治非属于主人一个人，而是一家全体的统治，家长实际上是在其他诸人的名下执行其权力的。……在这样的意义上，家长现在还是独裁主义的，可是法律上的户主的权力，后代因习惯由内外两方面受了限制。招赘、废嫡、结婚以及离婚的行为，通常须征得家族全体的同意来决定，实行任何对于个人不利的重要事情时，事先必须由一家及亲族来决议的。

不过旧的家族制度，也有好处，就是个人的服从也会得到报酬。因为家族是相互扶助的一个社会，所以一方面要强迫顺从，一方面给予帮助。必要时，家族中的各分子，为了帮助别的分子，总可以做点事情。各分子享有从全体受保护的权利。日本的家族现在还是这样。在各人以礼让亲切的旧形式行动的规矩的家庭里，没有人发出粗鲁的话，年少者抱着爱情深湛的畏敬之念来看年长者，年老不能再活动工作的

---

① 武士阶级的父亲可以杀不贞洁的女儿或玷污了家名的儿子，但是武士身份的人绝不出卖自己的子女。只有下层阶级，或武士以外的其他阶级的家族，当进退维谷时出卖女儿。不过女儿为了家族自己情愿卖身，这样的事例是有的。

人们，亲自来照顾孩子，担任教育训练上的宝贵任务，在这样的家里，可以说实现着理想状态。家中各人的努力，是为了使家中所有的人的生活尽量愉快，其结合的羁绊是爱情，是感谢，这种家庭的日常生活，是最好最纯粹的。宗教性的生活，而家庭这个场所是神圣的。

我们还得讲一讲古时日本家族里的从者或佣人。事实上虽然没有充分的定论，日本的最初的佣人，恐怕是奴隶或农奴。后来的仆婢状态，特别是统治阶级的家庭中的仆婢状态，很像古代希腊罗马的家庭的奴隶的状态。当然他们是被认为劣等人，不过还是被当做一家的人员，被当做亲近的人而受信赖，可以参与家庭的喜事，亲密的会合，也大抵可以列席。从法律上讲，奴隶所受的待遇是苛酷的，但是日常所受的待遇则是亲切的，这一点是不必置疑的，因为家族对于他们的期待，是绝对的忠实。过去的奴仆的状态，其实例尚可见于今日残存的风俗里面。家族对于仆婢的权力，早已不存在于法律或事实上，但是昔日的关系的美风，如今还是继续着，这是很有兴趣的事情。现在家族对于佣人的幸福，是真心考虑着的，其程度几乎和对待贫穷的亲戚一样。从前提供仆婢给位高的家的家，和接受了仆婢的家，两者的关系和家臣对大名(藩侯）的关系一样，两家之间便会成立忠顺与亲切的真正的约束。仆婢的职务于是成为父子相传的东西，他们的孩子从小就熟于仆婢的任务。仆婢到了相当的年龄，即便允许结婚，服务的关系从此断绝，但是忠顺的关系并不消灭。结了婚的仆婢的孩子们，长大了便送到主人家里做事，他们到了婚期也告假出去。贵族的家和家臣的家间，现在还保存着这样的关系，数百年之间，父子相传，代代服务，保存着这样的美好的传统与习惯。

在封建时代，主人与使用人间的关系，当然是很严格的，必要时佣人得将其生命为主人或主人的家而牺牲。希腊罗马的佣人也被要求着同样的忠顺——这是还没有将劳役者陷入牛马一样的苦工以前的事情，其关系一半是宗教性的。只有克兰治氏所述希腊或罗马的仆婢可以参加祭祀的风俗，在古代日本好像没有。可是仕于主君的仆婢，出自家臣的家族，因此其家族当然是属于主君的氏族的祭祀的，所以主君与仆婢的关系多少有宗教性。

读者看了本章所述的事实，可以了解个人怎样成为作为宗教团体的家族的牺牲吧。在家庭中家长执行祭祀的制度上，上至家长下至仆婢，悉须同样遵守义务的法则，并要求对风俗及传统绝对服从。祖先的祭祀绝不承认个人的自由，无论男女谁都不能随自己的意思生活。各人都须要服从规则而生活。个人在法律上也是不存在的。家族是社会的单位。连家长在法律上也不过作为代表者而存在——对生者及死者双方面负着责任。至于家长的公共的责任，并不是单由民法来决定的。他的责任还要由宗教上的约束，即由氏族或部族的祖先的祭祀的约束来决定的。这个礼拜祖先的公共形式，比家庭的宗教更要严重。

团体的祭祀

各人的家庭生活的一切行为，受着一家的宗教的支配，和这一样，一个家族对外的关系，则受着一村或一地方的宗教的支配。和家庭的宗教一样，团体的宗教也是礼拜祖先的宗教。一家的神坛之于家族，犹即神道的教区的神祠之于团体。在团体的宗教中，受人礼拜的守护神，是氏神，就是氏的祖神。氏神一语本来是和一族之名同时表示族长的家族即gens的。

氏神与团体的本来的关系，有多少不明了的地方。据平田笃胤说，所谓氏神，是氏族的共同的祖先——即第一个族长之灵。这个意见（虽有种种例外）大体得当。不过“一族的孩子”，即所谓氏子（属于神道教区之民，今尚作如是称），最初是不是仅包含着氏族的祖先所出的子孙，还是包含着一氏所支配着的地方的全部居民，这一点倒不容易决定。现在日本各地方的守护神，决不能说代表着该地居民共同的祖宗。不过最边鄙的某些地方，也许有例外。最初所谓氏神，与其说是共同的祖先之灵，不如说是各地古时统治者之灵，或作为统治一地的家族的守护神，而受该地人民的礼拜，这样想，似乎真实一点。日本人的大部分，由有史以前的时代，即在奴隶服役的状态，这个状态一直维持到比较的近代，此事有充分的证明。如果真是这样的话，属下的阶级，最初可以说并没有自己的祭祀，他们的宗教恐怕就是主人的宗教吧。及至后代，家臣也参与主君的祭祀。不过关于日本的团体的祭祀的最初状态，要想概括地加以记述，今日尚属困难。因为日本国民的历史，不是只有一个血统的单纯的氏族的历史，而是起源各异，徐徐形成了族长社会的许多氏族群的历史。

然而据是可信赖的日本典据来想，氏神可以说是氏族的神，又虽则不一定是如此，通常被当做氏族的祖先而受祭祀。氏神之中，也有在有史时代产生的。例如军神八幡——祭祀此神的教区的祠宇，几乎所有大都市都有——祭的是应神天皇，是有名的源氏的守护神。这是氏神之中，氏族的神不是祖先的一例。不过实际上，氏神多半是氏的祖先。例如春日大明神，藤原家（氏）的血统即发源于此神。有史以来，古日本有大小一千一百八十二个氏族，这些氏族又大概有同数的祭祀。今日被称为氏神的神祠——即普通的神道的神祠——各祭一个特别的神，此外决不祭别的众神。这是理所当然的。又在大镇市里，往往有好几个祭着同一氏神的神道的祠宇，这是值得注意的。此事证明团体的祭祀由原来的地方迁移到别地方。因此出云的春日神的礼拜者，也可以在大阪，京都，东京等地有他祭着自家的守护神的教区的神祠。九州的八幡神的礼拜者，像重肥后或丰后等地一样，在武藏这地方也可以居于同一个神的保护之下。还有一件值得注意的事实，就是氏神的神祠，不一定是教区中最重要的神道祠宇。氏神是教区的神祠，对于团体的礼拜，固属重要，但是往往为了附近的祭祀更高的神的祠宇，而致黯然无光。例如出云的杵筑的出云大神祠，并不是氏神，不是教区的神祠，该地氏神的祭祀，是在远较该大神祠为小的祠宇里举行的。……关于东高的祭祀，容当后述，现在只谈有关团体生活的团体的祭祀。关于氏神礼拜在过去的影响，可以从今日神礼拜表现的社会状态，推测许多事实出来。

日本几乎村村都有氏神。以大镇市为中心的地方也有氏神。这守护神的礼拜由教区之民——氏子，即守护神的全体子孙来维持着。这样的教区的神祠，都有一定的祭日，那一天所有氏子都到祠堂里来，事实上每家至少派一个人到氏神那里。祭日有大祭日及普通的祭日。那一天并有游行，音乐，跳舞等等安慰来人，而使那一天愉快的节目。近邻地方的人民竞相使他们的神祠的祭祀热闹愉快，各家按份捐点钱。

神道的祠宇，对于人民的团体生活固有密切的关系，同时对于各氏子的个人生活也有重要关系。生下来的孩子，无

论是男是女，都被带到氏神那里——（男子在生后过三十一日后，女子则在三十三日后），置于神的保护之下，就算到过神的灵前，将名字登记下来。以后孩子们每逢节期又被带到那里。大祭日那天，当然要被带去。那天有搭了棚卖玩具的，祠宇境内又有有趣的玩意儿，用着色的沙在地上画画的艺人，用甜饴捏做动物怪物之类的糖果商人，由这些玩弄技术的人及把式匠讨那些小孩儿们的欢心。……后来小孩儿们长大了，会跑会跳了。神祠的庭园及树林便成为他们玩耍的地方。学校生活也不会将氏子和氏神扯离开来，除非家族永远离开那个地方。去参拜神祠，以后仍旧作为义务而继续下去。长大成人结婚后，氏子还是跟他的妻或丈夫，有规则地去参拜他们的守护神。有儿子的又带儿子去，以示忠顺于神。要做长期旅行或要永久离开故乡的时候，氏子便去参拜氏神及家族的祖坟告辞。离乡日久，一日归来，首先要去的地方就是神的跟前。我曾经屡次看见兵士在乡下的寂寞的神祠前祈祷，甚为感动。这些兵士是刚从朝鲜，中国，中国台湾省等处回来的。他们回家后，首先想到的，是到自己孩子时候的神跟前去申谢。因为他们相信，在战时及恶疫流行的时候，救护了他们。

关于旧日本的地方风俗及法律的权威约翰·亨利·威克摩，说神道的祭祀与地方行政没有多大关系。据他说，氏神是将上古时代某高贵家族的祖先祀为神的，氏神的神祠就此一直守护着那个家族。神道的神官（司祭者）一职，是父子相传的，如今亦然。这神官的血统，照理是由原先把那氏神拜做守护神的一族下来的。但是神道的神官，虽有多少例外，既不是法官也不是行政官。威克摩教授认为这是“由于[①]祭祀本身之中没有行政组织。”这说明是妥当的。不过神官虽未尝有政治上的机能，但我认为可以证明神道的神官具有法律以上的权力，如今亦然。神官对团体（社会）的关系是重要的，他们的权威虽然只限于宗教方面，但其权力是重而不可犯的。

要了解这个事实，必须记忆神道的神官，代表着一地方的宗教的感情。各团体的社交规约就是宗教上的规约，——这是祭祀地方的守护神。即一切团体的工作的成功，疾病的防御，战事主君的胜利，饥馑或恶疫流行的救助，祈祷这些事情的时候，都是向着氏神祈祷的。氏神都是为人做好事的，——他是特别的帮助者，保护者。农民祈求秋收丰稔，或遇旱魃而祈雨，并不是向佛祈求的，丰收后感谢的对象也不是佛，——他们是向着当地古来的神祈求或感谢的。氏神的祭祀又是将团体（社会）的道德经验具体化的，它表示着一切其所珍重的传统与习惯，关于其行为之无文律，及其义务之感。在这样的社会里，一个人在家中犯了伦理上的过失，便被认为不敬于一家的祖先，同样，如果破坏一村或一地方的习惯，便被认为不敬于氏神。一家的繁荣，系于固守

① 神道的族长制度的暧昧不明，此点斯宾塞的《社会学原理》第三卷第八章中恐怕说明得最好。斯宾塞在同章中又说明“宗教与政府本是同一”的事实。照这样说，特殊的神道的政教制度并没有发达。

孝道，所谓孝，就是服从一家的行为的传统的规则。同样，团体的繁荣，也系于固守祖先的习惯。这就是说，要服从那从少年时所有的人都被教过的地方的无文律。习惯被认为就是道德。违反一地方所定的习惯，就是违反那地方的神。也就是危及公共的安宁。团体的存在会因其中一个分子的犯罪而濒于危，故社会要各分子对其行为负责任。任何行为都要与氏子的传统习惯一致。独立的，例外的行动是公然的违法。

古时个人对社会（团体）的义务究竟如何，由此可以想象得到。个人对于自己，并没有和三千年前希腊市民所具有的同样的权利以上的权利——恐怕还不到这个程度。甚至于在今日，法律虽大有变化，个人则差不多和从前一样。个人的自由行动的权利，连想也不许想。假使对日本人说什么自由行动的权利，他们定会认为是回到禽兽状态吧。在我们西欧人之间，是社会上对于普通人们的规定，主要规定什么是不应做的事情。不过在日本所谓不应做的事情，——其禁止范围虽广——比一般义务的一半还要少得多，反过来，去学习人该做的事情，远较重要。……兹略述习惯在个人的自由上所加的限制。

首先要注意的，是团体的意志支持着一家的意志，——即要人守孝道。过了幼年时期的男孩子的行为，也不由家族而由公共规定。男孩子固要服从自己的家，但他在家中的关系，则必须服从公共的意见。和孝道不两立的大不逊行为，会受所有的人的批评与叱责。等到孩子长大，会做事，会学习了，他的日日的行为，也受监视与批评。等到一家的家法对他开始严格起来的年纪时，他同时又开始感觉到世间的意见的压迫。到相当年纪要结婚了，但想随便选妻，谈也谈不到，他要迎纳人家给他选择的配偶。不过有什么理由，嫌恶那个妻，他的意思被接受的时候，他还是要等他的家族给他选择另一个人，社会对于这样的事情，不许不服从。假如一度开了违反孝道的例，这事便会成为非常危险的前例。青年终于成为一家之长，对一家的行为负起责任的时候，这个主人还是为公共的意见所左右，关于治家的方针，要接受公共的忠告。例如一家的主人习惯上要扶助他的亲族，和亲族发生纠纷的时候，要接受人家的仲裁。主人不能单为自己的妻子着想，这种事情会被认为不可宽容的利己心。他至少要在外表上，关于公共的行为，表示不为父子或夫妇的爱情所动心。假定他后来做了一村或一地方的首脑，其行动及判断的权利，还是被置于和以前一样的限制下。事实上，他的个人自由的范围，随着社会地位的提高而减少。名义上，他是做头脑而统治的，但是实际上，他的权威是从社会借来的，所以他的权威只在社会许他的时间内在他的手里。因为他是为执行公共的意志而被选，并不是为执行自己的意志而被放在上面——不是为了自己的利益，而是为了社会共同的利益，为了维持习惯，使之坚固，决不是为了破坏习惯而被选的。因此他虽被推为首脑，其实他是公共的仆人，是在故乡最没有自由的一个人。

威克摩教授在他的《旧日本之土地所有权及地方制度》（Notes on Land Tenure and Institutions in old Japan）一书中译出公表的许多文书，胪列德川时代地方社会生活的规则，颇为周详。其规则之多数，当然是位高的权威者所定的，不过其大部分表示着昔时地方的习惯。这种文书叫组帐（Kumienactments）[1]。组帐中定有一村团体的全部人员应遵守的行为的规则。因此组帐在社会上的利益是非常的大。据我个人的研究，知道日本各地方还有酷似这组帐中所列的规则，由一村的习惯而励行着。兹由威克摩教授的翻译中，胪举二三例于下：

> “组中一人，设不厚于双亲，视两亲如无睹，或不服从其命令时，吾等不加以隐匿，不予容赦而报告之。”
>
> “吾等求儿女尊敬双亲，夫妇兄弟姊妹和睦，仆婢服从主人，幼者敬于长者……各组（由五家而成）注意各成员之行状，勿使有非行。”
>
> “无论农商工人，组中任何一人怠惰不勤于事

① 一直到封建时代之末，不问大都市与村落，行政上由几个家族或数户分为一个单位，叫做组（类似中国的保甲制度，译者注）。一组普通由五家而成，也有六户至十户为一组的。各组由户主选举组长，为组中所有分子的代表。组的组织的起源及历史，不明。中国及朝鲜也有同样的组织（威克摩教授以为日本的组的组织，或起源于军事上的需要，这个理由是值得心服的）。这个组织在行政上颇为适宜。对上面的权威负责任者，不是一个家，而是由组当其责任之冲。

平成六年二月十二日
秋篠宮・同妃殿下
御参拝
御神燈
昭和五十五年三月十八日
皇太子殿下
浩宮徳仁親王殿下
御参拝

务，即由番头（居要职者）注意之，忠告之，指导之，以矫其行。苟不纳忠告，悖戾恚怒，即告诸村中长老……”

“好争斗，或出外嬉游，夜深流连忘返，而不纳劝告者，投诉之。他组有怠于此事者，代之投诉，亦吾等之义务也……”

“与他族相争，不纳忠告，或背两亲之言，或不厚于同村之人者，皆诉诸村吏……”

“禁止舞蹈，摔跤，及其他供人观览者，娼妓不得留宿村中。”

“人人不得相争，有争事，应申明情由，无申告时，双方同样受罚……”

“口詈他人，或于大庭广众之间传言他人为恶人者，其事纵属确实，应禁止之。”

“人有孝行或忠于主人，虽理所当然，然诚实谨直之过于人者，应报告之，俾推荐于政府……”

“组中同人，应笃于友谊，甚于亲族之交，增进相互之幸福，分担相互之忧戚，组中倘有非法不道者，吾等皆应分负其责任。[①]”

笔者由各种组帐中，选出以上各条，适宜排列，以便说明。

① “旧时日本之土地所有权及地方制度”（《日本亚细亚协会》第十九卷第一部所载论文）。

以上所举，仅属道德上的规约，至于道德以外的义务，也有详细的规约，例如：

> “失火时，各人皆应手提水桶，速赴该处，在有司指挥之下努力救火……不赴者，应受处罚。”
>
> “他乡之人，欲投居此地者，应询明出身何村，并令该人提交保证。……旅客不得住宿其所定旅舍以外之家，虽一夜亦勿许。”
>
> “通知盗贼夜袭，应敲梵钟，或以其他方法为之。闻报者，皆须追觅盗犯，拿获始已。故意规避者，查究而后罚之。”

由这组帐可知任何人，不得许可，一夜也不可离村他宿，或往别处工作，或到他乡结婚，或定居他处。处罚是严重的——普通的惩罚，是可怕的笞刑，由高级官吏执行。现在倒没有这样的刑罚，法律上各人可以随意到别的地方。不过事实上，无论到什么地方，不能任意行动。因为旧习惯及团体的感情依旧残留，所以个人的自由还是非常受着限制。有人说，在地方的团体里，各人都有自由利用空闲时间的权利，这话是不对的。任何人都不能将自己的时间，金钱或劳力，认为完全是自己的，甚至于自己灵魂所寄的肉体，也不能认为是自己的。一个人在社会生活的权利，完全放在他要为社会而服务的意志上，需要他的援助或同情时，任何人都有向他要求的特权。“各人的家是他的城郊”，这句话不能适用于日本——高级的主权者，当然是例外。普通的人对于世间上的人们，不能闭其户而不纳。各人的家，对于来访者是要公开的。日中闭户不开，是侮辱社会，——生病也不成为口实。只有地位极高的人有不与他人接近的权利。有人违背了他所寄生的社会的意志——特别是那个社会是在乡下的话——事情就大了。社会一旦发怒，它就会成为一体而行动。社会由一千或数千个人而成，但这许多人的意思，成为只像是一个人的意思。只为了一个重大的过失，一个人突然对社会共通的意志，独自被放在反对者的立场，——他孤立起来，遭遇极有效的绝交。沉默与柔和的敌意，要使他忍受更可怕的处罚。这是处罚重违习惯者的普通方法，绝少加以暴行，要加以暴行的话（非常的情形，当然例外，此事容当后述），这并不当做过失的报应，而只当做矫正的方法。也有粗野的团体，遇有危及人命的过失，即罚以体刑，但这并不是由于公愤，而是由于传统的理由。我曾经在一个渔村，目睹这种惩罚。众渔夫正在激浪之中杀金枪鱼，这是非常危险的工作。众人正起劲工作的时候，一个渔夫偶一不慎，将杀鱼的器具，敲进一个少年的头里。大家都知道这完全是过失，不过这过失是危及人命的，因此不由分说，即对那人实施制裁，打得死去活来，等到昏过去了，便从浪里拖出来，丢在沙滩上，一直到他醒过来，没人理睬。在这期间，无人为他说话，杀鱼的工作，照旧进行。听说年轻的渔夫，如果犯了危及一船的过失，便会给同船伙伴施以暴行。不过上面已经说过，受这样的处罚，是只为做了不当心的事情。绝交的处罚，比暴行还要可怕。不过还有比绝交更可怕的刑罚，就是数年或终生的逐放。

在从前封建时代，逐放无疑是重大的惩罚，在维新后，也是一样。从前因社会团体的意志被逐出故乡的人——给他的家，他的氏族，他的职业放弃的人——就会遭遇绝对的困苦。跑到别的团体，如果没有亲戚的话，就没有收容他的地方。即使有亲戚，如果要收容他，必须先向当地官署和他的故乡的官吏商量。他乡人，不得官署的许可，便不能定居在故乡以外的地方。以亲戚为理由，留宿他乡人而受罚的事情，尚有旧文献可稽。被逐放的人，既丢了家，又丢了朋友。他也许是有一技之长的工人，但是执行业务的权利，如果不得到在他所到的地方代表着他的职业的职业团体的承认，便算没有，但是被逐放的人，职业团体也不肯收容他。他也许想做人家的佣人，但是他逃到的团体，即使有雇主，他有没有雇用这个亡命者兼他乡人的权利，首先要发生疑问。他的宗教一点不能帮他的忙。团体生活的法规，不是依佛教而定，而是依神道的伦理来定的。因为是他的故乡的诸神把他放弃的，其他地方的神们和他的祭祀又没有任何关系，因此宗教对他毫无帮助。还有，亡命者这个事实，也证明他一定对祭祀犯过罪。总而言之，他乡人在陌生地方的人们中间，是得不到同情的。在今日，从别的地方迎妻回来，也被本地舆论认为坏事（在封建时代是被禁止的），舆论还是希望各人在出生之地生活，工作，结婚，——有时候得到故乡的公开的承认，也可以跑到别的团体。在封建制度之下，究竟得不到他乡人的同情，因此说到逐放，就可以联想到饥饿，孤独，以及难以言喻的困苦。因为当时个人的法律上的存在，在他的家族和团体以外，可以说完全没有。因为各人都为家而生活，为家而工作，家又为氏族而存立的缘故，除了家和许多家互相关联的集合以外，并没有可以活下去的生活。

我们现在想象不出这样的逐放状态。如果要求西洋的同样的例，便得回到罗马帝国以前的古希腊罗马时代。当时所谓逐放，就是宗教上的破门，实际上，就是逐出文明社会之外，——当时尚无人类同胞的思想，除了要求血族的同情以外，别无可以要求同情的地方。他乡人到处是敌人。和古希腊都会的情形一样，在日本，守护神的宗教，也是团体的宗教，团体的祭祀，它连一地方的宗教也做不到。另一方面，高等的祭祀，没有和个人发生关系，个人的宗教，也仅仅是一家，一村，或一地方的宗教，因此他家或他地方的祭祀，完全是别个东西，要属于别的祭祀，除了被迎入那个地方以外，别无他法，但是容纳他乡人一事，照例是没有的。如果没有家或氏族的祭祀，个人无论在道德上，社会上，都等于死人，因为别家的祭祀和氏族，都排斥这样的人。一个人被规定个人生活的家族的祭祀遗弃，又被规定对社会生活的地方祭祀排除的时候，这个人在人类社会的关系上，可以说完

全丧失了他的存在。

由以上的事实，可以想象在过去，个人发展自己，主张自己的机会，是极少极少。个人可怜完全为社会而牺牲。就在今日，日本人居住的地方的唯一安全的路，是无论什么事都依循当地习惯去做，稍微越出了规则，便会受到嫌恶的眼光。什么秘密也没有，什么事也不能隐瞒。各人的美德也好，坏事也好，都会给人家知道。因此不平常的行为，会被判断为从传统上的标准脱离了的行为，一切异样的事情，会被责难为违反习惯。这个传统与习惯，尚具有可以说是宗教义务的力量。事实上，传统和习惯，从起源来说，也是宗教性的，义务性的，又因为是和有礼拜过去的意义的公共祭祀有关系的缘故。

由此可以容易了解神道没有道德上的成文律的理由，也可以了解道德的法规断定为不必要的理由吧。在祖先礼拜所代表的宗教发达的阶段上，宗教和道德既无区别，道德和习惯，也没有区别。宗教和政治（政府）是同一个东西，习惯和法律也是一样。神道的伦理完全包含在服从习惯一事之中。一家的传统的规则。团体的传统的法律，这就是神道的道德。服从它就是宗教，不服从就是不信心，又不问其为成文与否，凡是宗教性法规的真义，总之在于社会义务的表明，关于善恶行为的教义，以及道德体验的具体化等等。实际上，如在英国那样的近代的理想行为。和古希腊日本那样的理想的族长制度间的差异，精查一下，便可以知道只在于将旧思想详细扩张到个人生活的细目这一点上。神道的宗教，实在没有需要成文命令，它只靠教训或实例，自幼小时代教给各人，只要有普通的知识，什么人都能了解它。宗教既然认为越出规则外的行为。对众人有危险，那么法规这样东西，当然不需要了。例如西洋的高度的社会生活，即排他性的文化生活的人们的行为，决不是单靠十诫来支配的，因此，事实上我们也没有关于行为的成文法规。人在自己的社会，应该做什么？怎样做？关于这样的问题的知识，是靠训练，靠经验，靠观察，靠直觉事物的道理而得的。

神道的神官，是代表着团体的感情的人，让我们现在回到他的权威的问题吧——我相信这个权威过去是非常伟大的。团体对犯过的人所施的惩罚，是拿守护神的名来施的，这个事情的显著的证据，我们只要看社会的憎恶的表现,现在在许多地方仍旧采取宗教性质这个事实，便可以明白。我看过这种表现，而且相信各地现在大抵还有这种表现。这个旧习惯最显明地残留着的地方，是现在还残留着古时的传统，而且没有多大变化的边鄙的乡镇，或寂寞的村落。在这样的地方，每个居民的行为，给人家精细地注视着，而且会给人家严格地批判。但是在地方的神道大祭（每年举行的守护神的大祭）以前，人们对于细小的过犯，差不多什么也不开口。但是到了那天（祭日），社会便会给予警戒，或加以处罚，这是对至少违背了地方道德的行为，是要这样的。人们以为神会利用这个祭日的机会，来看氏子的住宅，于是可以移动的神殿（神舆），便被担过主要街道。这神殿是由三四十个人来担的重东西。担它的人，是顺从神的意志而行动的。他们认为他们担着走的方向，是神叫他们走的。这样的游行，我在某海岸的村落里，看过好几次。现在让我来记述一下。

在游行的前头，有一群年轻男人，连奔带跳，描成环形，疯狂地跳着进行，这些年轻人是来将道路弄清净的。走近他们，很危险，因为他们发狂似的兜着圈子前进。我第一次看见这跳跃的一群人时，仿佛在看着古时狄俄尼索斯的飨宴，——他们的激烈的旋转运动，的确实现了希腊古代神圣狂热的记事。说实在的话，希腊式的头是看不见的，但是除了围下身的布带和草鞋以外，浑身裸露，青铜色的肌肉，极有雕刻之美，姿态颇为美观，若要雕刻跳跃着的牧羊神的水盘，可以拿他们来构思。在这一群给神附丽着的跳跃者——他们是在前头将群众向左右驱散，拂清道路的，——后面，有少年女司祭，穿白衣，戴假面，骑马而来。少女后面，有几个司祭，穿白衣，戴着威风凛凛的高而黑的帽子，也骑马而来。背后，就是又大又重的神殿（神舆），在担它的人们头上，活像给暴风拨弄的船一样，摇动而来。一忽儿好几条肌肉健壮的手，把它推到右面，一忽儿又有许多手把它一样地推回左面，向前向后，也猛烈的推，猛烈的拉，高声呼喊，震耳欲聋。这个时候，根据从极古时代传来的习惯，家家二楼的窗户，都紧紧关闭着，有谁学偷看哥泰法[1]从壁缝里向下面看神，给人发现了如此不敬的行为，那个人就糟了。

如我所说，担神舆的人们，以为他们是依神的灵而行动的，——（神道的神，有种种性情，所以他们大概是依粗烈的灵而行动着的吧），所以把它前推后拉，左右摇摆，是表示神在检查前后左右的家的意思。神在查看信男信女的心，是不是真的纯正，又在决定有没有给予警告，或施以惩罚的必要。担的人，只要神叫他们到什么地方去，他们就带神到什么地方去，——必要时冲过坚固墙壁也要去。因此，倘若神舆撞上了一家，就表示神对那家生着气。只碰一碰门口的帘子，也是一样。如果神舆撞坏了家的一部分，那就是重大的警告了。神有时要跑到家里面，破坏拦住他的一切东西也不管。这个时候，那一家的人，统统要从后门口逃出去，否则很糟，强暴的游行，高声如雷地闯进屋子里，将家中一切东西破碎，撞裂，毁坏，压扁，一直到神答应回到那条路上的原位置为止。

我曾经看过两处被破坏的地方。询问理由，才知这两处侵入，由团体的见解来说，在道德上都应该认为是正当的。第一家，曾经发生过欺骗事件，第二家，没有救助溺死者的

① 是某地领主的妻。曾为领民向夫恳求减税。领主回答：如果她肯白昼裸身骑马绕市一周，就答应她的请求。她立刻去实行，达到了目的。那个时候，所有市民，互相约要把所有窗门关起来，统统躲在屋里，只有一个裁缝，给人瞧见他从墙缝里偷看，便受市民制裁，双目失明。——译者注

遗族。第一个犯罪是法律上的，第二个是道德上的犯罪。乡村社会，除非是放火，杀人，盗窃等重大的犯罪，不将犯罪者交给警察。乡村是怕法律的，只要有别的方法，决不诉诸法律。这是古代的规约，封建政府曾经奖励维持这种习惯。守护神一旦发怒，便主张处罚或排斥这个犯罪者，这样一来，依封建的习惯，要犯罪者的全家族来负责任。被害者，若有这样的心思，可以诉诸新的法律。可以将破坏了他的家人的，拖到法庭，要求赔偿，因为近代的警察，并不为神道所左右。但除非是十分不懂事的人，不会为了团体的制裁，诉诸法律。因为这样的行动，本身就被当做习惯的重大破坏，而受非难。商谈的结果，如果证明是冤枉，那么团体随时肯下公平的判断。受了制裁的人，若想诉诸不依宗教的法律，以图报仇，那么同时也会想到将自己和自己的家族的家，及早搬到远远的地方，才是上策。

在旧日本，个人生活是放在二种宗教性支配之下的，这我们已经晓得了。一切个人的行动，给由一家或社会的祭祀而来的传统所规定，这种状态，开始于一定的文化成立的时候。我们又知道了团体的宗教，使人服从家的宗教。这个事实，只要记住这两种祭祀（团体和家族的）的基本思想,——即生者的幸福，靠着死人的幸福的思想，——是同一的，便决不会觉得稀奇了。人们相信漠视家族的祭祀，会使灵发生恶意，而灵的恶意，会招致公共的不幸。祖先的灵，自配着自然，——火灾，洪水，疫病，饥馑等，是亡灵可以自由使用

的报复手段。因此村中一个不虔敬的行为，也许会使全村遭遇不幸。所以一个社会（团体或一地方），关于各家庭维持孝道一事，认为对死者负有责任。

神道的发达

斯宾赛认为众人所崇拜的伟大的诸神——作为天地的创造者，或作为地、水、火、风等宇宙的元素，而在民众的想象中描画出来的诸神——代表着后来成为祖先礼拜的神。此说为今日一般人所公认。在原始社会尚未有任何重要阶级区别发达的时代，众先祖之灵被认为是差不多一样的，后来随社会本身的发达，才区分为大小各样的种类。结果，对于某一个祖先之灵或某一团之灵的礼拜，胜过了其他所有的礼拜，于是发展了最高的神或几个最高的神群。不过祭祖的分裂，是采取各种方向的，我们必须这样理解。父子相传从事于同一职业的家族的特别的祖先，也会发达而为主宰该职业的守护神，——即成为职业及组合的保护神。依种种联想的过程，也会有力与健康，长寿与特殊产物，以及特殊地方的种种的神的礼拜，从其他祖先的祭祀发展而来。关于日本起源的神，如果现有的知识能更进一步，也许可以明白今日在日本乡村被礼拜的众山守护神，其中多数本来是大陆方面的工匠的守护神。不过我以为日本的神话全体，并没有十分越出进化法则的例外。事实上，神道是表示神话性的祭政关系的，其发达可以从进化的法则充分加以说明。

凡神之外，尚有无数优等与劣等之神。也有徒有其名的原始诸神——这是在混沌时代浮上众人脑海的幻影。也有造成土地形态的创造天地之神。有天地之神，也有日月之神。主宰人生善恶一切事物的神，也不可胜数，——有诞生、结婚、死亡、贫富、健康、疾病……之神。一切这样的神话，如果假定它是从仅属于日本的古代祭祖发达而来，未免有点牵强。宁可这样说，这种神话的发展，大概是在亚洲大陆开始的。不过国民祭祀的发展——成为国家的宗教的神道及其形式——严格地说，是日本的。这个祭祀，是代代天皇对于其血统所属的诸神的礼拜，——即“皇室祖先”的礼拜。

我们认为日本的祖先礼拜的发达过程，和阿利安民族的祖先礼拜的发达过程有着同样的阶梯。我们可以假定，当初日本人种从大陆渡来到现在的岛国时，带来了祖先礼拜的粗略的形式。这个形式，大概不过是在死者的墓前举行的仪式及祭品。后来国土为许多氏族——这些氏族各有各的祖先祭祀——所分割，所有属于一个氏族的一个地方的人，便加入该氏族的祖先的宗教中，于是成立了几千个氏神的祭祀。后来受大陆的影响，在家中礼拜祖先的形式，代替原始的家族祭祀而成立。从此供给祭品与祈祷，都在家庭中按时举行，在家庭中，祖先的神牌就代表了家族的死者的坟墓。不过现在在特别的场合，也在墓地进荐祭品。而三种神道祭祀的形式，和佛教传来后的后代的形式一齐存在在现在。这形式又支配着今日国民的生活。

一切神道的传说，成为一个神话的历史，而由同一个传说的基础来说明。全神话包含在两本书里面。这两本书都有英译本。最古的一本叫《古事记》，在西历七一二年时编成。另一本叫《日本纪》，较前书为厚，大概在西历七二〇年时编成。两书都称为历史，但大部分是神话，两书都从创造天地的故事开始。据说两书都是受天皇之命，根据口传编成。又据说还有一部在七世纪时著作的更旧的书，但湮灭不传。因此现传的两部书，不能说是怎样古的书，但两书都载有极古的传说——大概几千年之古的。《古事纪》据说由记性极强的老人口授而写成。神道学者平田，认为这样传下来的传说，是特别可靠的。他说："凭记忆而传给我们的，这样旧的传说，特因其为记忆所传，反而远较文书记录详细。而且在未有托文字记忆的习惯的时代，人的记忆力一定远较今日为强，观今日目不识丁者，凡事诉诸记忆，亦可为此事证。"吾人对平田确信口碑不变，不禁微笑。不过我相信民俗学者在旧神话的特质中，容易发现其为极旧的东西的证据。两书受有中国的感化，但其中某一部分，据我的想象，有中国书籍所没有的特殊性质——有其他神话文学所没有的原始的素朴的趣味，怪异的趣味。例如世界的创造者伊邪那歧命，为叫回死了的配偶（伊邪那美命）而赴黄泉的一段故事，我们认为是纯粹日本的神话。其故事的古朴，凡是研究该书的逐字译的人，一定会感觉到的。我现在据各种译文（关于这各种译文，参照阿斯顿的《日本纪》的翻译第一卷），将这传说的大意记在下面。

火神迦具土生时，其母伊邪那美命为火所伤，毁容而亡。伊邪那歧命怒曰："岂可为一子而丧吾爱妹。"命乃匍匐于其妹（伊邪那美命）之头，又匍匐于其足，悲泣甚哀，泪滴而为神……后来伊邪那歧命逐伊邪那美命之后，赴亡者之国黄泉。伊邪那美命，风采如生时，敛帐下堂来晤，二人遂相与语。伊邪那歧命曰："可爱年轻之妹！吾为汝悲故来。可爱年轻之妹!吾与共创之国，迄未完成，盍偕来归，以竟斯业。"伊邪那美命答曰："吾所为敬之君乎！惜矣，君来稍迟！妾今就食于黄泉之灶。然可爱之君乎！妾为君来特喜，愿偕君同归生命之世界。今妾往晤黄泉诸神，与议此事。君其待于此，勿来见妾!"语讫，遂去。及稍迟不归，伊邪那歧命等候甚急，拔其左发木梳，折其一齿燃之，往觅其妹。及见，伊邪那美命全身肿烂卧蛆中，八雷神坐其上……伊邪那歧命见状大骇。伊邪那美命起立而呼曰："君辱妾矣！奚不守妾言?……君既见妾裸身，妾亦须睹君此形。"语讫，命黄泉丑女，往追伊邪那歧命，欲杀之。八雷神亦追命。伊邪那美命亦追之。伊邪那歧命拔剑，且挥且走。众追之急。命取黑鬘掷之，鬘变而为葡萄，丑女拾而食之，命乘间急逸。众仍紧追不舍，命乃拔梳掷之，梳变而为笋，众丑女拾取贪食，命乘隙逃抵黄泉之口，举千钧之石塞之。命乃立岩后议仳离。伊邪那美命立岩后呼曰："爱妾之命乎！君若为此，妾将日日绞杀汝千人。"伊邪那歧命答曰："吾所爱之年轻之妹！汝若为此，吾将日日生子千人……"斯时，括姬之命前来，与伊邪那美命若有所语，伊邪那美命颔之，倏忽不知所往。

这神话的可惊的素朴之点，我未能表现出来，但那悲哀与噩梦般的恐怖不可思议地混合着的地方，十分够表现其原始的性质。那实在是人常见的梦——自己所爱的人，变成可怕的样子的噩梦，表示一切原始的祖先礼拜关于死及死人的恐怖，在这一点上，有特别的兴趣。这神话的哀愁与可怖，无限怪奇的空想，在极度憎恶及恐怖时仍旧不忘有礼的恩爱的话——我们确实感觉得到这都是日本的。《古事记》和《日本纪》中，还有许多和上述故事差不多同样显著的神话。这些都和明朗的温情的传说混在一起，甚至于使我们感觉到这些并不是同一人种想象出来的东西。例如《日本纪》第二卷中魔石，到龙宫去的故事，都有印度神话的风味。《古事记》和《日本纪》里面，是有好像是外来的神话。总之，讲神话的几章里面，有若干须要解决的新问题。除此以外，这两本书都能助我们了解古代的习惯与信仰，但其他诸点并不怎样有趣，概括来说，日本的神话是没有趣味的。不过这里并不须要来谈神话的问题。因为它和神道的关系，可以拿极简短的一章来总括——太古之初，既无力，亦无形，世界是没有一定的形态的一块东西，像水母一样浮在水上。后来不知道怎样，天和地分开来，有朦胧的诸神出现，而又消灭。最后出来了男性的神和女性的神，生出万物，赋予形态。由这两位神，伊邪那歧命和伊邪那美命生出日本的岛，以及种种的神和日月的神。这些创造的神们，以及他们所创造的神们的子孙，就是神道所礼拜的八百万（或八千万）个神。这些神有的到高天原去，有的留在地上，成为日本人种的祖先。

这就是《古事记》和《日本纪》的神话，写得十分简洁。最初好像认为有两种神，就是天的神和地的神。神道的祝文，就表示这个区别。不过这神话的天神，不一定代表自然现象，而认为实际上就是天的现象的神，却与地神同列——因为"生"在地上——这是很妙的事实。例如说日月是在日本生的——后来才举到天上。太阳的女神天照大神是从伊邪那岐命的左眼生出来，月神月读命是从伊邪那歧命的右眼生出来。这两个神是伊邪那歧命从黄泉回来在筑紫的岛的河口洗身时生出来的。十八世纪和十九世纪的神道学者，除了他们偶然生出这一点以外，一概否定天神与地神的区别，而在这混沌的空想里面，建立了多少秩序。他们神道学者又否定了自古有的神代和人代的区别。依他们说，日本的最初的统治者是神，但后代的统治者也是神。整个皇统，所谓太阳的苗裔，是从太阳的女神连绵传下来的一个血统。平田这样说："神代与人代之间，然任何确切的分界线《日本纪》中那样的区别，一点也没有正当的理由。"这话里面含有一个教理，就是说日本全民族是神的血统。因为根据旧神话，最初的日本人都是神的子孙。平田大胆地采取了这个教理。据平田断言，所有的日本人的起源在于神，因此日本人优于所有其他各国的人。平田甚至于说，要证明日本人属于神的血统，很容易。他说："随琼琼杵之尊（太阳女神的孙，皇室的建立者）而去的神们的子孙——以及代代天皇的子孙，赐姓平、源等降居臣位的人——逐渐繁衍。日本人的多数，究竟从怎样的神传下来，不能确实知道，但他们都有部族的名，这是天皇所赐的。专门研究宗谱的人，能从人的普通的姓，知道这个人的极远的祖先是谁。"这样来说，所有的日本人是神，其国当然是神的国——因此叫神国。我们是不是应该把平田的话完全照文字理解呢？我以为应该这样理解。平田给予日本人以神性，这事从人的道德性及体格的虚弱来看,应该认为是什么意思呢?在这问题之中，关于道德方面，可以拿神道的邪恶之神来说明。这个神据说是"从伊邪那歧命到黄泉时，身上所沾的污秽发生的。"关于人的体格上的虚弱，可以拿皇室的神圣的建立者琼琼杵命的传说来说明。当时长命的女神岩长姬命被送给琼琼杵命做妻，不料他见姬面貌不扬，便拒绝了，这个不明，招致了“人的现在这样的短命。”大抵的神话，都说当初的族长即统治者是非常长寿的。越是追溯神话的历史，主权者的生命越是长。日本的神话也不在例外。琼琼杵命之子，在高千穗之宫活了五百八十年。“但比起他以前的人这个寿命还是短的”，平田这样说。后来人的体力渐衰,生命渐短。不过虽然在所有点上堕落了，日本人还有着可以证明为神的子孙的形迹。日本人死后进入更高的神性，但并不完全抛弃这个现世……这就是平田的意见。由关于日本人的起源的神道的学说来讲，这样赋予人性以神性，似乎有所矛盾，其实不然。近代的神道学者，将一切起源归于太阳，但在这教义里面，将会发现科学真理的萌芽吧。

在日本的文学家中，平田最能使我们了解神道神话中的祭政制度。他能使我们了解和日本社会的旧秩序一致的祭政关系，很能满足我们的期待。社会的最下层，有只在家家的神坛或墓地被礼拜的一般民众的灵。其上有同一氏族的神即氏神。这是今日当做守护之神而被礼拜的古时统治者的灵。平田说，一切氏神由出云的大神——大国主神——来支配，而“氏神都代表大神统治众人的生前、生后及死后的命运。”这是说，普通的亡灵，在生人所看不见的世界，服从氏族的神即守护之神的命定，生时团体中的礼拜，仍旧维持下去。下面几句话引自平田的文章，颇饶兴趣。这几句话不

独表示个人与氏神间的关系，又谈到一个人离乡背井，会怎样受到世人的非难——

“人要迁居他乡时，这个人最初的氏神，必须和迁居地的氏神订立协定。这样的时候，必须先和旧神告别，来到新的地方，必须尽早到新神的祠宇参拜。一个人更换居住的地方，表面的理由，自然不少沙多的译文。，不过实际的理由，是因为这个人触怒了氏神，因而被逐，或者是别地方的氏神来交涉，要使他迁居……”

这样讲，那么各人在生存中以及死后，都是氏神的臣下或仆人。

这些氏族的神，本来有种种阶级，恰如统治者与领主有种种阶级一样。在普通的氏神上面，有在各地方主要神道神社被礼拜的诸神，这些神的神社，叫做“一之宫”即第一级的神社。这些神从前大抵是统治比较大的地方的诸侯的灵。但不一定完全是这样。其中也有地、水、火、风等元素和风、火、海等之力的神，以及长寿、命运、收获等的神——这些神的真正的历史，已被遗忘，但也有本来大概是氏族的神的诸神。但在一切其他神道的神的上面，有皇室祭祀的诸神，即天皇的祖先。

旧日本的生者之神，当然是御门（天皇）——神的权化，现人神，而其宫殿是国家的最神圣的地方。宫殿内有贤所，即宫中举行礼拜，祭祀皇祖的地方，——和这同样的祭祀的公式，也在伊势举行。但皇室以敕使（现在也是这样举行礼拜）在杵筑，伊势两地举行礼拜，在各处神圣场所，也同样举行。以前多数或一部神祠由宫内省维持。重要神祠又分类为大祠小祠。其中属一等者有三百四十祠，属二等者有两千八百二十八祠。但神祠多数不包含于这分类之中，而由地方来维持。神道神祠之载于记录者，全数今日超过十九万五千。

因此——出云的大国主神的大祭祀不数在内——祖先礼拜有四阶级，即家族的宗教，氏神的宗教，各地方主要神祠的礼拜，以及伊势的国家的祭祀。这些祭祀现在已在传统上结合起来，热心的神道家，将所有的神混在一起，在每朝祈祷中礼拜。这样的神道家，时时又去参拜该地方的主要神，如属可能，还到伊势去巡拜。凡属日本人，一生总要到伊势的神宫去参拜一次，自己不去，便要派代表去。当然，住在远地的人，不能个个都去参拜，不过无论哪一个村，没有不在某一期间内派人到杵筑或伊势去巡拜的。其代表的费用，由各该地方捐款筹集。再进一步，日本人都能在自己家内礼拜神道的崇高的诸神。即在家内神坛上，置有保证神的守护的木牌。这是从伊势或杵筑的神殿得来的护符。伊势的祭祀举行时，这木牌就用神圣的神殿本身的木材做成。原来那神殿依古来的习惯，每二十年翻造一次，拆坏的建筑物的木材，就切成木牌，分布于全国。

神国日本神道的发达神道的发达神国日本还有一种祖先礼拜的发达——主宰诸艺及诸职的神们的祭祀——也特别值

得研究。不幸关于这个问题，我们知道的地方很少。在古代，这个礼拜一定比现在更正确地被规定而被举行。职业是父子相传的，工人结合成同业公会——这也许不妨称为阶级。各公会或阶级，大概各有其守护之神。职业之神有的大概是日本的职业的祖先，有的也许是大陆的——这是带职业来到日本的移居的工匠的祖先诸神。关于这些事情，我们知道的不多。不过职业公会，即使不是全部，至少其大部分在某一个时代，是带有宗教的组织，其徒弟不是单纯地被接入职业之中，同时还要祭祀其神。公会有纺织匠，陶器工，木匠，弓矢制造者，铁匠，造船匠等工匠的公会，这些公会在过去有宗教的组织，只要看某种职业现在也有宗教性质的事实，也可以想得到。例如木匠现在也依从神道的传统而造房子，他们等工作达到某种程度，就穿上神官的衣服，举行仪式，而行祈祷，于是将新房子置于神们保护之下。就中冶刀的职业，自古是职业中最神圣的。刀匠穿着神官的衣服做工，制造优良的刀身期间，是要举行神道的斋戒仪式的。这个时候，炼刀场之前挂着神圣的绳子，这是神道的最古的象征。此时家族中谁都不能进去和刀匠谈话，而刀匠本人除了用圣火烹煮的食物以外，什么都不吃。

不过十九万五千个神祠之数，较氏族的祭祀或职业公会的祭祀，或国家的祭祀等的数为多，其中大多数是献给同一个神的不同的灵，据神道说，无论是人的灵或神的灵，都分为几种的灵，各灵都有不同的性质。这种分开的灵，叫做

“分灵”。例如食物的女神丰受姬神的灵，分离而为树木之神久久能智神和草的女神鹿屋野比卖神。神[①]与人，都有粗暴的灵和温和的灵。因此平田说大国主神的粗暴的灵祀于某神祠，其温和之灵则祀于另一神祠。我们又须记住氏神的祠，许多是献给同一个神的。一方面虽然像这样重复，增加，但另一方面在主要的神祠里，又一起祀有许多不同的神，因此可以两相抵消。所以神道的神祠之数，不一定表示被礼拜的众神的实数，也不一定表示其祭祀的种类。《古事记》或《日本纪》中所载的神，总在一个地方有他的祠。其他数百个神——后代的许多祭祀也加在内——也都有他们的神祠。例如许多神祠祀着历史上的人物——伟大的大臣、将军、君主、学者、勇士以及政治家的灵。例如神功皇后的有名的大臣武内宿祢（仕于六代君主，活到三百岁），现在在许多神祠祀为长命与大知识之神。醍醐天皇之臣菅原道真，以天神或天满宫之名被祀为文字之神。无论在什么地方，孩子们都把写得最好的字献给这个神，又把自己用旧的笔，放进祠前所置的箱中。曾我兄弟是第十二世纪的有名的悲剧的主人公，同时是勇士，这两兄弟后来成为神，人们为使兄弟和好而去祷告。丰臣秀吉的有力的部下加藤清正，这个基督教耶稣派的强烈的敌人，由佛教和神道两方面拜为神。德川家康以东照宫之名被礼拜。事实上，日本历史上的有名人物，多

① 人也有粗暴的灵和温和的灵，但神有三种不同的灵，粗暴的灵，温和的灵和授予的灵请阅沙多著《神道的复活》。

数有他们的神祠。而从前诸侯之灵，也一定给他的子孙及继承的臣下礼拜。

主宰产业及农业的诸神——尤其是农夫所祈愿的蚕的女神，米的女神，风与天气之神等——以外，国中几乎到处都有赎罪慰藉的神祠。这种在后代成立的神道的神祠，是为了赎偿那些因不幸或不正而受苦的人们的灵而建立的。此际礼拜采取非常奇异的形态，礼拜者求被祭者保护他避免后者生前所受的灾难与困难。曾经在出云见过祀着曾受王侯宠爱的妇女的灵。这个女人为嫉妒的竞争者的术数所乘，自杀而死。故事是这样的：这个女人有极美丽的头发，可惜不够黑。因此她的敌人们便拿她的头发的颜色用做排斥她的手段了。后世的母亲们，如果孩子的发色有点红，便去拜那个神，祈求红发变为黑发，她们拿一束头发和东京的锦画献给这个神。因为这个女人听说是欢喜锦画的。同一地方，又有一个神祠，祀着一个因丈夫离家不归，悲切而死的女人的灵。这个女人曾经站在小山上，望夫归来，她的神祠就筑在这个小山上，她伫立着望夫归来的地点。后世孤守空房的女人，就去拜她，祈求丈夫平安归来。和这同样的慰藉的礼拜，在普通的墓地也有。公众的怜悯的心，要去祭祀那些因受冷酷的待遇不得已而自杀的人们，或在法律上虽有罪，但事实上由于爱国心及其他值得同情的动机而被处刑的人们。在这些人的墓前，有人进荐食物，有人默默地祈祷。不幸的恋爱者的灵，也会有同病相怜的年轻人来祈愿。关于赎罪慰藉的礼拜，还有其他的形态，须得提起，这就是自古有为动物——主要是家畜——的灵而建立小祠的习惯。这是因为它们生前默默地驯和地工作，而得不到报酬，或者因为它们受了过分的痛苦的缘故而建立的。

还有别种守护神，也得提起。各人的家里以及家的周围，住有许多的神。其中有的在神话里面也写着，恐怕是从日本的祖先礼拜发展的，有的是外国起源的，有的好像没有神祠，有的代表着所谓万物有灵说。这种神与其说接近希腊的Saiuores，不如说接近罗马的dii genitales（生生之神）。井的神水神，食器的神荒神（几乎每家厨房都有献给这个神的小神坛，或者有写着这个神的名字的护符），锅类的神，灶神，户部的神（从前叫冲津彦或冲津姬），化做蛇形出现的池神，米箱的女神，灶神，最初教人用肥料的厕所的神（这个神通常用纸做成没有面孔的小男女形来表现），木材，火，金属的神，庭园，原野，草人，桥，丘陵，森林，河流的神，树木之灵（日本的神话，也有dryads树木的女精），这些精灵，不用说是起源于神道的。又在另一方面，道路主要在佛教诸佛的保护下。关于地方的境界的诸神（拉丁语叫termes），我一点知识也没有。我们只能在离村较远的地方看见佛像。不过无论哪一个庭院，向着鬼门（即恶魔之门）的地方有神道的小祠——据中国的传说，鬼门就是一切坏事走来的方向。这些献给神道的诸神的小祠，被认为可以阻止恶魔进来。对于鬼门的信仰，显然是从中国渡来的。

不过以为家里的每一个部分，每一根梁，每一个家具都有保护神的信仰，是否受中国的感化而发达，倒值得怀疑。总之，我们想一想这个信仰，那么房屋的建筑——只要不是外国式——仍旧是宗教的行为，栋梁的工作包含着神官的工作，这一点也不足为奇了。

来到这里，又遇到万物有灵说的问题。（我以为现代的进化论者，不会还抱着万物有灵说发生于祖先礼拜以前的旧思想——认为无生物有灵的信仰是在人类对于亡灵的思想未发生前发达的思想。）说到这里，在日本，要在万物有灵说的信仰与神道的最下级的形态间划一个界线，就像在植物界与动物界之间加一个区划一样的困难。最古的神道文学也一点也没有给予今日所存在的发达了的万物有灵说的根据。其发达恐怕是非常迟缓，多半是受中国的信仰所感化的。不过《古事记》中说，"光辉如萤火，凌乱如蜉蝣的恶的神们"，又有"使岩石树根绿水说话的恶魔"，由此看来，万物有灵说以至拜物教的思想，在中国的影响时代以前，已有些微痕迹。而万物有灵说和不断的崇拜结合的时候（例如对于怪形的石头或树木的崇拜之念），其崇拜的形式，大抵是依据神道的，此点颇堪注意。祭着这种东西的地方，其前面通常有神道的门，即"鸟居"。后来在中国朝鲜影响之下，万物有灵说发达的结果，从前的日本人便真以为自己处身于灵与恶魔的世界了。灵与恶魔在潮声，瀑布声，风声，树叶声，鸟声，虫声及其他自然界的一切声音之中，向人说话。

由人看来，一切东西的动——波浪的动，草的动，移动的雾，飞行的云，都像亡灵，甚至于不动的岩石，连路旁的石头，也给看不见的严肃的东西注入了灵魂。

礼拜与祓禊

我们知道了在旧日本，生者的世界到处给死者的世界所支配——个人在生存中一时也脱离不了亡灵的监视。在家，个人为父祖之灵所看护，在外，为地方的神所支配。其周围，头上脚下，到处有生与死的眼睛所看不见的力量。据其关于自然的思想，则万物的次序由死者所规定——光明与黑暗，天候与四季，风与潮，雾与雨，生长与枯死，疾病与健康等都是。眼睛所看不见的大气，是灵的海，亡灵的大海。人所耕耘的地里，渗透着灵气。树木里也有灵住宿，它是神圣的。岩石也被授予了有自觉的生命。人对于这许多看不见的东西，究竟怎样尽了他的义务呢？

学者也好，小的神名不必谈，能将大的神名一一记住的人，恐怕不多吧。又无论什么人，在他每天祈祷的时候，要将大的神名，一一叫出来，恐怕也没有这个时间。后代的神道学者，规定对一般的神们作简单的每日的祈祷，并对特殊的两三个神作特殊的祈祷，以图信仰的义务单纯化。他们这样使得古来的习惯容易确实地保守下去。平田说："有各种作用的神，不可胜数，故只要指定最重要的神去礼拜，其余归纳在一般的祈祷里面，比较便当。"平田为有空闲的人，特定了十种祈祷，但为忙碌的人，则减轻义务，这样说："每天事务繁忙，无空念一切祈祷的人，第一拜皇居，第二拜家中神坛，第三拜祖先的灵，第四拜氏神，第五拜自己的特殊的职业的神，就可以满足了。"他主张每天在神坛前这样祈祷：

"在这神圣的神坛上，恭置神殿，谨招诸神，敬读赞辞，第一拜伊势内宫外宫的大神——八百万天神——八百万地神——在各地方，各岛，大八洲所有地方大小神祠所祀千五百万诸神及其所率百千万诸神，支祠末祠的神——以及曾富登[①]之神，敬求诸神矫正我非故意所犯的过失，各依其力，惠我爱我，依随神圣的范例，诱我以善。"[②]

这几句话是神道的最大的注释者所拟的神道的祈祷文。除掉关于曾富登之神以外，现在日本的家的每朝的祈祷文还是这个内容。不过近代的祈祷已经短得多了。在最古的神道的地方出云，每朝依习惯做礼拜，这个礼拜表示祈祷的旧

① 曾富登之神是草人之神，田野的保护者。

② 据沙多氏的译文。

规定的最好的例。礼拜的人一早起来，洗脸漱口沐浴及面朝着太阳，恭恭敬敬地低头，说几句简单的话："严肃的神啊，感谢你今天又来了。"这样拜太阳，也就是尽臣民的本分——因为这就是对皇室的祖先表示忠诚。这做礼拜，是在户外站着做的，但这简单的礼拜的光景，会给人极大的感动。我在追忆里面——数年以前，在隐岐海岸目睹的光景——年轻的渔夫，直立在小船的船头，拍着手迎接上升的旭日，殷红的日光，便将这个人照成立着的铜像一样，这个光景，至今浮在眼前。我还有一个活生生的回想，是一个巡礼者站在富士山的绝顶的岩石上，保持着身体的平衡，向东拍着手的姿态。恐怕在一万年或两万年以前，所有的人都像这样礼拜太阳的神。

拜过太阳之后，礼拜者就回家，在神坛及祖先的神牌前祈祷。礼拜者跪着喊伊势或出云的大神，当地的主要神祠的诸神，氏神，最后到神道的无数的神。这样的祈祷不是高声喊的。向祖先感谢他们留下了家的基础，崇高的神们，则为了他们的帮助与保护。至于遥向皇居低头，我不知道究竟远到什么地方，不过我常常目击过这样的礼拜。我又有一次看见到东京来玩的乡下人，在宫城前表示敬意。我因为时常在他们的村里逗留过，所以他们也认识我，到了东京，找到我的家来看我。我把他们带到宫城，来到宫城的正门，他们便脱了帽，拍手行礼——恰像他们对神及迎接太阳的时候一样——这个简单而严肃的敬意的表示，使我的心发生了很大的感动。

早晨礼拜的义务里面，还有一件事情，就是在符牌前供祭物，但这不是一家的祭祀的唯一的义务。在神道的家，祖先和崇高的诸神，是分别礼拜的，祖先的神坛，似乎像罗马的Lararium（家族的神）。至于置有大麻及御币（这特别是家族所崇敬的崇高的神们的象征）的神坛，可以和拉丁人为礼拜Penates（家的炉边的神）而设的场所相比。这两种神道的祭祀，有其特殊的祭日，祭祀祖先的时候，祭日是宗教上的集合的时候，是一族的亲戚为家的祭典而集合的时候。神道家又须祭祀氏神，为庆祝关于国家的祭祀的九种大祭，至少要出力帮助。国家的大祭有十一种，其中九种是礼拜皇室的祖先。

公式祭典的性质，视神的阶级而异。祭品和祈祷是献给所有的神的，不过对于高位的神，则以特别的仪式礼拜。今日通常的祭品是食物，酒，以及象征高价的织品的东西，这种织品是自古用以供神成为风习。仪式中有游行，音乐，歌谣，和跳舞。极小的神祠，其仪式也小，仅仅荐以食物就够了。不过大的神祠，则有神官和巫女——通常是神官的女儿——的一团祭司，仪式也严肃隆重。要研究这种仪式的古趣，最好到伊势的大庙（这个神宫的高位的巫女，过去是皇女）或出云的大社。佛教的影响，曾经有一个时期将旧信仰几乎完全葬掉，但在这个伊势和出云，万事残存，一如太古的状态，——在这个神圣的境内，活像在神仙故事中的魔殿一样，时间也好像睡着了没有过去。建筑的形态本身，就不可思议地高耸着，以其奇特的姿态，惊人眼目。在这个祠宇内，一切都清净无垢，既没有可观的东西，也没有装饰，也没有象征，——只有祭品的象征，及表现不能看见的东西的奇异的神币，挂在笔直的棍子上。我们看这些搁在深处的神币的数，便可以知道这个神社里面祀着多少神。那里除了空间，沉默，及过去的暗示以外，没有什么东西可以动人的心。最里面的神坛，垂着幕，里面大概搁着青铜的镜和古剑，以及包着好几层的什么物品。有的不过是这几样东西。因为这个信仰，比那制作许多偶像的时代还要古，所以不要什么人的像。这里的神就是亡灵。而这个神祠里什么也没有的寂静，远较摆着偶像的庙宇，使人引起深深的严肃之感。其祭典，其礼拜之型，其神圣物品的形态，至少对于西洋人的眼睛，都是非常奇异的东西。神火决不是用近代式的方法来点的——这个用火烹煮神的食物的火，像桧木做的锥一样，是用最古的方法来点的。神官之长，穿神圣的颜色——白——的上衣，戴一顶那种样子别处已经没有的帽子，——是从前王侯贵人等戴的高帽子。其他神官则依其位而衣各种颜色的服装。他们都是不剃胡子的——有的留着长髯，有的只留着胡子。这些神官的动作态度都有威严，但也有不可名状的古风。其动作一一为古来的传统所规定，所以要克尽神官的职务，必须有长时期的训练。其职务为父子相传，其训练由少年时代开始。这样累积起不表现感情的修养，这实在

献
燈

是可惊的。执行其职务的神官，与其说是人，不如说像个石膏像。这是给看不见的什么东西所动的姿态——而又和神一样，神官是不眨眼的。曾经遇到很长的神道的游行，我跟许多日本友人，注视骑在马上的神官，看他能够多久不眨眼儿。但我们这些人中，虽然在我们看的时候马停止了脚步，但一个人也没有发现他的眼睛或眼睑稍微动一下。

大神社的祭典的仪式中，最重要的事项，是进祭物，读祝词，及巫女的舞。这些都有固定不动的传统。食物的祭品，盛以不上珐琅的古风的瓦器（大抵是赤色的瓦器），烧好的白饭，盛成圆锥形，再加上鱼，海草，果实，鸟类，以及装在形状还是太古时代那样的酒瓶中的酒。这些祭品，放在形状奇异的白木盆上，拿到神祠里。拿这祭品的人，两眼以下蔽以白纸。这是为了不玷污神的食物。又为了同样的理由，捧盆时，手也要伸得十分直。在古代，祭品之中好像还含有远较食物高贵的东西。神道的祝词恐怕是日本语的最古的文书，如果我们可以信赖这个文书所证明的东西，那么下面抄录的龙田的风祭神的祝词，颇有兴趣。其所以有兴趣，不独因为文章好，又因为可以由此知道上古时代的大仪式的特质和祭品的性质——

献诸男神以服，华美粗细之帛，五色之物，盾，戈，马，鞍。献诸女神以服，金麻笥，金线梶，金线卷，华美粗细之帛，五色之物，马，鞍，

> 种种币帛。盛酒盈瓮，又如米稻之属，居于山者如毛兽之属，生于野者如甘菜辛菜之属，居于海者如鱼鳖藻苹之属，堆积如山，以飨我皇神，幸以为食。无令天下公民之作物，遭恶风荒水，则盛酒盈瓮，亦汁亦贝，百千之稻，以行秋祭。王乡百官，倭国六县之长，至于男女，今年四月，齐集皇神之前，顿首叩拜，朝暾荣上，诵我赞辞。神其来飨！

现在，祭品既不“堆积如山”，也不包含“山海的一切东西”，不过大规模的祭典，依旧存在，仪式总是使人感动。神圣的舞蹈，也是颇有兴趣的仪式的一部分。当神吃着放在神坛前的食物和酒的时候，巫女穿着紫红和白色的衣服，随着鼓和笛的音，优美地动，——在神前回转，把扇子摇作波浪形，鸣着许多小铃子的流苏而动。拿西洋的想法来说，巫女的这个舞，几乎不能说是什么舞蹈，但是看起来，确是优雅而不可思议的光景——因为其一举一动，一如太古的东西。至于含着哀调的音乐，西洋人的耳朵听不出里面有什么真的旋律，但神是喜悦的。

我说的特别是在出云看的仪式，这个仪式视祭祀的种类及地方而有多少差异。在我看过的伊势，春日，琴平及其神祠，巫女通常是孩子。这些孩子到了婚期，就不做这个事情。杵筑的巫女是成人的妇人，其职务是代代相传的。结婚后也可以继续做这个事情。

从前，巫女是单纯的祭典执行者以上的人。据今日巫女所谙诵的歌文，可知巫女是作为新娘献给诸神的。现在，巫女所碰过的东西，也被当做神圣的东西。她们的手所播过的种子，也是受了神的祝福的。在过去某一个时代，巫女好像被当做代表神的女人。神的灵移上巫女身上，借她的嘴唇说话。这个最古的宗教的一切诗情，以这小小的神女——亡灵的小新娘——的舞态为中心而发生。其姿态好像不可见的神在神坛前的可惊的白色和紫红色的蝴蝶一样。在近代万事变化的社会上，这个少女也要到学校去，但现在还是表现着日本的少女时代的一切快乐。因为她在家庭所受的训练，能使她受人们的尊敬，天真烂漫，做什么事都讨人怜爱，具有可以得到神的爱的价值。

看其他国家的祖先礼拜的诸高级形式，使我们相信神道祭祀的公开仪式里面，多少总有一点祓禊的仪式。事实上，神道仪式中最重要的就是这祓禊的仪式。所谓祓禊，是弃恶或驱恶之意。在古代的雅典，每年举行同样的仪式。罗马每四年举行一次。祓禊每年举行两次——阴历六月及十二月。这和罗马的祓禊的仪式一样，是义务性质的，在这义务背后成为其基础的思想，和关于这个事情制定了罗马法的思想一样。因为人们相信生者的安宁为死者的意志所左右——在世界上发生的一切事情，是善恶等等性质的灵来规定——人们相信恶事会加强不可见的破坏力，而危及公共的繁荣，因此祓恶的必要，成为世间共通的信仰而实行了。一个人也好，如果有人在一个社会里背叛了神意，不管那是有意或无意，会招致公共的不幸与危险。不过要所有的人，决不在思想上，言语上，行为上，或因激烈的感情，或因无智与疏忽而累及众神，平安度日，这是不可能的事情。平田说："各人无论怎样留心，必定会偶然在不知不觉之间犯罪……恶行恶言，有故意与无意两种。我们假定有无意而犯的罪，反而妥当。"对于旧日本的人——和对于古希腊罗马的市民一样——所谓宗教，主要在于正确地守无数的习惯，又因此执行几种祭祀的任务时，一个人有没有无意识地做了违反不可见的神意的事情，我们要记住要知道这个事情是很难的。因此作为保持人们的宗教上的纯洁并将其使之确实的方法，定期举行祓禊的仪式，被人视为不可或缺的事情了。

从极古的时代起，神道就严格地要人清洁——可以说神道认为身体的不洁等于道德上的不洁，是对于神们不可宽恕的罪。神道一直是洗净的宗教，今日亦然。日本人的爱清洁——看他们每天入浴，家庭整理得无懈可击，也可以知道——因宗教而得维持，也许是宗教教他们如此的。纤尘不染的清洁，为祖先礼拜的祭典所要求——在神祠也好，在祭司的一身也好，在家庭也好——关于清洁的这个规定，自然逐渐推及于生活的一切方面了。于是除了定期的祓禊的仪式以外，祭祀里面还有许多拂除不清洁的仪式。我们记得古希腊罗马的文明里面，也有这样的事情，其市民在其生活的几乎一切重大的时期，要从事于祓净的仪式的。即在诞生，结婚，死亡等时，祓禊是不可或缺的。出征前也是一样。在一神们的殿堂。不过从前的神道对于这个事情的要求，比罗马希腊的祭祀更要厉害。神道要求为了人的诞生死亡与结婚，另外特别盖一个屋子——分娩用的家，给新婚夫妇住的家（洞房），给死人用的特别的家（丧屋）等。从前妇人在月经期间及产褥时间，是要分居的。这种严格的旧习惯，现在除了一二边鄙之地和神官的家族以外，差不多都没有了。不过祓禊的仪式和禁止接近神圣场所的时日及事情等，现在到处还是保留着。身体上的清洁，和心的清洁同样地被要求。每六个月举行一次的大祓禊仪式，当然也就是道德上的涤净。这不独在大神祠以及氏神的祠宇举行，每个家庭①也都举行的。

近代家庭的祓禊的形式，极简单。各神社的教区的祠，把男、女、儿童的剪影一般的小纸头——叫做“人型”——分给该教区的人，即氏子。纸是白的，折得很奇特。各家依人数而领几个人型。男人和男孩子领男子型，女人和女孩领女子型。家里每人拿这一张纸头，在自己的头、脸、手足、

① 每个家的神坛上，大概都置有长方形的纸箱，箱里有举行国家的大祓式时伊势的神官用过的木棍的断片。这个纸箱通常叫做“御祓”，即祓禊仪式之名。箱上又书伊势神宫之名。家中有这东西，就是家中有保护。但过了六个月，要换新的。因为人们认为这个东西的祓禊的效力，只有六个月。把伊势神宫举行祓禊时用以“驱逐恶魔”的几根棍棒的断片，分配给几千个家庭，其意义当然是把尊贵的神宫的保护，推及这些家庭，一直到下次举行祓禊为止。

和身体上碰一碰，一面念神道的祈祷词，求神以慈悲之心免除他因不知而犯的罪而蒙的不幸和疾病（据神道的信仰，疾病和不幸是神罚）。人型上面写好领者的年龄性别（不书姓名），然后都还给教区的祠。在这祠里举行祓禊式时，一起烧掉。社会像这样每六个月“将污秽拂去”。

从前在希腊罗马的都市，举行祓禊仪式时，出席者的姓名都要登记。市民的出席，是极重要的事情，故意缺席者，或处以笞刑，或被出卖为奴隶。缺席的人，要丧失市民权。在古代日本，社会的各员参加仪式，也是义务。但我不知道那时人名要不要登记。恐怕是不要登记的，因为在日本，个人是不为公共所承认，家族则作为一团而负有责任，因此家中各人的出席，大概由家全体负责决定。用人型一事——上面不记礼拜者的姓名，而只记男女的性别与年龄——恐怕是最近的事情，大概是起源于中国的。官厅的登记，在极古时代也有，但这好像和祓禊没有什么特别的关系。而这登记，大概又不是神道所有，而由佛教的教区的僧人所保存。最后，我还要附加一句，当偶然招至宗教上的污秽时，或者有一个被判断他犯了关于公共祭祀的规则的罪时，是要做特别的祓禊仪式的。

从起源上和祓禊的仪式关联，还有神道的种种禁欲性质的行为。神道本来不一定是禁欲的宗教。把酒肉献给神吃，看这一点也可以知道。至于规定的克己的形式，也不过是依

伏見稲荷大社 境内案内図
現在地
本殿
千本鳥居

从古来的习惯不损害普通的品位的程度。不过说到特殊的情形，信徒中也有做非常峻严的事情的人，——所谓峻严，其中多含有冷水浴。热心的信徒，在严冬大寒的时候，站在冰一样冷的瀑布下面祈祷，这决不是罕见的事情。不过要想知道神道的禁欲主义的最奇异之点，可以看现在依旧存在于边鄙地方的习惯。这个习惯，就是社会的团体，每年从市民中选出一个人，叫他代表其他的人，完全献身于神。在献身的期间，这个代表者要离开家族，不接近女人，回避游戏慰安的场所，只吃用神火烧的食物，禁酒，每天在新鲜的冷水里面沐浴几次，在一个规定的时间做特别的祈祷，在一个晚上还有通夜祷告。这个人在特定的时期间，照上面那样完毕了禁欲和祓净的任务，便在宗教上成为自由之身，接着另外选一个人去做。人们以为那个地方的繁荣，完全靠那个代表能否确守所定的任务，如果发生什么公共的不幸事件，就怀疑这个代表心萌歹念，不守誓言了。从前发生公共的不幸事件时，代表是要被杀死的。我最初听到这个习惯，是在美保关的一个小镇上，那个地方的代表叫做“一年神主”（Oneyeargodmaster），做代表的期间是十二个月。据我所闻，被选的人通常是年长的人，年轻人是绝少被选的。在古代，这个代表的名称，有“禁欲者”的意义，关于这个习惯的故事，载于关于日本的中国的文献中，据说此事始于日本有史以前。

凡是具有永久继续的祖先礼拜的形式的宗教，都有一种或数种卜筮的方法，神道也不在例外。卜筮在古代日本，是不是像从前在希腊罗马人之间一样，公式上属于重要的东西，这现在倒有疑问。不过远在中国的星占算命传来以前，日本人已经有种种卜筮，古时的诗歌，记录，祭典等可以证明此点。卜筮的方法，有的看骨头，有的用米麦的粥，有的看足迹，有的用竖在地上的棍子，有的听公路上走过的人的话。这些卜筮的老方法，现在依旧差不多完全——大概是完全——通行于一般人之间。不过最古的卜筮，是烧焦鹿或其他动物的肩胛骨，听烧焦的声音而下判断[①]。到后来用龟甲。卜筮者好像特别附属于皇室。本居宣长在十八世纪后半，以当时尚通行的卜筮为皇室的任务的一部分，而说："天皇永久是太阳的女神之子。天皇的心和太阳的女神，无论在思想上或感情上，都是同一的。决不需要新的方案，只依神代以来的先例而治天下。如果有所怀疑的事情，则求决于明示天照大神的神虑的卜筮。"

至少在有史时代，卜筮好像不大用在战时——的确不像希腊罗马的军队那样。日本的最大的将军——如丰臣秀吉，织田信长——对于所谓前兆，是漠不关心的。大概日本人在长久的战史的初期，一定由经验而知道了根据前兆用兵的将军，和不将前兆放在眼中的敌人作战时，时常处于不利的地位。

---

① 关于这一种卜筮的形式，沙多氏说，在成吉思汗的时代，行于蒙古人之间，今日鞑靼之喀基斯族尚有之——此事有关古代日本人种之起源，颇有兴趣。关于以上各种卜筮之例，请参照阿斯吞译《日本纪》第一卷一五七，一八九，二二七，二二九，二三七页。

在各种各样的卜筮之中，今日仍旧存在，而在家庭间最普通的，是用干米的卜筮。一般地是中国的卜筮最盛行，但是日本的算命者，在参照中国书籍之前，必先唤起神道的诸神，而在客室中设置神道的神坛；这是很有兴趣的事情。

我们知道了日本的祖先礼拜的发达，和古代欧洲的祖先礼拜的发达，非常类似，尤其是公共的祭祀附带义务性质的祓禊仪式一事，更相类似。

不过神道似乎比较我们时常拿古代希腊罗马的生活关联起来思考的状态，表示着并不十分发达的祖先礼拜的状态。而神道所要求的强制，似乎远较后者为严格。个人的信徒的生活，不独为他和家族社会等的关系所支配，又为他和无生物的关系所支配。个人的职业，无论是什么职业，总有一个神监视着这个职业。一个人无论用什么器具，一定要用为祭祀这个职业的神的团体的人们而定的传统的用法。木匠不能忘记去崇拜木匠的神，铁匠不能忘记去崇拜风箱的神，农夫必须对当地的神，食物的神，草人的神，以及树木的精灵表示敬意。甚至于一家的器具，也都是神圣的。做仆婢的人决不能忘记烹具的神，炉边，锅，火盆的神。而且要绝对将火弄清纯。职业也和工作一样，在神的保护之下。医师，教师，艺术家等，都有其应守的宗教的义务，有其应遵循的特别的传统。例如学者不能随便使用写作的用具，也不能滥用写作的纸，否则有悖文字的神意。妇女和男子一样，其种种工作也受宗教的支配。例如从事纺织的女人，必须崇敬纺织物的女神和蚕的女神。缝衣的女子，必须把针珍重，无论哪一家都有供祭品给针神的节日。武士的家也一样，武士须视其甲胄武器为神圣的东西。将甲胄武器安置得齐整美观，是一种义务，如果马虎的话，打仗的时候也许会招致不幸的事情。所以在一定的日子将刀枪矢剑等安置在客厅里，供以食物。庭园也是神圣的，要处理它，必须守一定的规则。否则说不定会触怒树木花卉的神们。珍重，爱护，弄清洁，没有尘埃。这些都作为宗教上的义务，到处励行不怠。

……往往有人说，近来的日本人并不像从前一样将公共的官厅，车站，新造的工厂等绝对弄清洁了。不过用外国的材料，在外国的监工下，造成外国式样，和本国的一切传统反对的建筑，由旧思想来说，一定是被神抛弃了的场所。而在这样污秽的环境里工作的人，既不感觉到自己的身边有看不见的神，也不懂得敬神的习惯的意义，也不知道要求尊敬美丽的单纯的东西的无言的要求。

死者的支配

现在读者大概已明了了神道的伦理完全包含在无条件地服从大体出自家族祭祀的习惯中。伦理和宗教不是两样东西，宗教和政治亦无不同。政治一语，具有“祭事”的意义。一切政治的仪式，都以祈祷及牺牲开始，所以从社会的最上层的人以至于最下层的各人，都要服从传统的法。服从这个法就是有信心，违背这个法就是没有信心。这个服从的规则，依各人所属的社会（组合）的意志，使每个人励行。古代的道德，在于严守对于家、社会以及高权威的行为的规则。

不过行为的法则，大抵由社会上的经验的结果产生，忠实地服从它，就不会是坏人。这些法则要人坚守畏敬目不可视的东西，尊敬权威，爱护父母妻子，友待近邻从者，及劳作时勤勉、守规、节约、清洁的习惯。最初，道德不过是服从传统，但传统本身后来慢慢被人和真的道德视为一物了。

扇子おみくじ
扇子おみくじ

由此而生的社会状态，如果从近代的思想来想象，当然有点困难。在我们之间，宗教上的伦理和社会上的伦理，很久以前实在是两样东西。而社会上的伦理，慢慢随信仰的弱化，变得比宗教上的伦理更重大紧要。我们大抵在一生之中，早晚会知道单守十诫是不够的，以不显明的方法破坏十诫的大部分，远较破坏社会的习惯危险性来得少。但是在旧日本，伦理和习惯之间，——道德上的要求与社会上的义务之间，不许有任何区别，惯例视两者为一物，同时破坏其中之一者，而欲加以隐瞒，是不可能的——秘密是不存在的。非但如此，无文的戒律，不止十几条，其数有数百，触犯其中的极小的部分，就不独作为过失，又作为罪过而受处罚。一般的人，在自己的家也好，在别的地方也好，都不能为所欲为。至于身份高的人，则处于那些专以非难破坏惯例为务的部下的注视之下。能依世间一般的意见之力而规定生活的一切行为的宗教，是不需要教义问答的。

道德上的习惯，都是强制的。不过许多习惯，最初只在强制之下勉强造成的，后来因不绝反复实用的结果渐变容易，终于成为自发的东西，于是依宗教上及社会上的权威，数代间强制的行为，终于成为本能的了。不用说，宗教上的强制，因外部的原因——例如长期间的战争——而受妨碍的地方当然不少。旧日本确实大有障碍。不过神道的力量还是成就了惊人的事情——就是在许多点上，发展了真可惊叹的一种国民性。在这国民性中发达而来的伦理的感情，和西洋大相差异，但和日本的社会的要求，则恰巧配合。这个道德的国民性，后来得到了大和魂（或大和心）这个名称——即昔时有皇居的大和国的名称，象征地用做全国的名称了。逐字而言，大和魂一语，解作“古代日本的精神”，也许更好。

十八世纪及十九世纪的神道的大学者们，其所以大胆断定唯有良心是十分的伦理上的指导者，也是因为想到那个“古代日本的精神”。他们宣言日本人的良心的崇高的性质，是日本人种的神圣的起源的证据。本居宣长说：“人是给两位创造的神造成的，所以自然赋有关于自己应做的事及不应做的事的知识。故以道德的法则烦自己的心，是不必要的。如果道德的法则是必要的，则人将不如禽兽。动物都赋有关于应做的事的知识，不过其程度不如人而已。”贺茂真渊早就比较日本和中国的道德，而说后者不如前者。他说：“昔人性素朴时，不需要道德的复杂的方式。恶事也会偶尔有之。但人的所谓素朴的性质，能防止恶事隐蔽而扩大。故当时没有说正邪之故的必要。但中国人虽有所受的教，因心邪恶，只弄好了外部。因此恶行扩大，社会紊乱。日本人则因为素朴的缘故，能不待教而行。”本居也将同样的思想，以稍微不同的方式说道：“日本人的行为，因为真正符合于道德的缘故，一点也不需要道德上的学理，中国人的关于道德学理的严格麻烦的思想，是从他们的实践道德的紊乱而生……知道没有学而行之道（伦理上的体系），就是知道应行神之道。”其后平田这样说：“要知道畏敬目不可视者，如是则恶事可止。养你心中种植的良心，即不会离道而迷。”

社会学者也许会嗤笑他们谈这种道德上的优越（特别因为他们的意见，其根据在人类在刚从神们的手里离开的原始时代反较现在优秀的假定上），但其中也有几分真理。真渊和宣长写上面那样的事情的时代，正是国民服从于微细得几难相信的规律，而努力履行的时代。而这规律造成了实在可惊叹的性格——造成了可惊叹的忍耐，非利己的心，诚实，殷勤，带着崇高的勇气的温和的性格。不过为了这个性格的发达，付了多大牺牲，只有进化论者能够想象得到。

一直到这些神道大学者的时代，国民所服从的这个规律，其本身有不可思议的进化论的历史，这一点在这里有一说之必要。在原始时代，这个规律，也是一样的严格，但远较没有统一，单纯而没有细小的组织。后来随社会发达，国家强盛，愈益发达成为精密的东西，到了德川将军时代，终于达到规律的顶点了。换言之，其支配力和国力的发达，成正比例而愈益严格起来——视人们的担负规律的力量怎样。我们知道了从这个文化的最初市民的全生活已经被规定，职业也好，结婚也好，父亲的权利也好，保持财产及处分财产的权利也好，都给宗教的习惯所规定。我们又知道了一个市民的行为，不论在家内或家外，都在监视之下，破坏一个重大的惯例，也许会成为他在社会上的破灭——这个时候，他不独是社会上的犯人，他又是宗教上的犯罪者，——又知道了组合（团体）之神为他动怒的缘故，如果宽恕他的过失，也许整个团体要受神罚。不过治理那个地方的政府究竟为他留下怎样的权利，这倒有研究的余地——这样的政府通常是代表着不准许控诉的宗教专制的一个种类。

研究旧法律及习惯的材料还不充分，因此关于明治以前的一切阶级的状态，我们还得不到充分的知识。不过这方面的许多有益的著作，已经由美国学者完成。例如威克摩教授和西门兹博士的劳作，关于德川时代的民众的法律状态，提供了给我们许多知识的文献。德川时代，我刚才已经说过，是最注重规约的时代。人民所受的干涉，其程度究竟如何，可以从他们遵守的奢侈禁制法的性质和数目揣想得到。旧日本的奢侈禁制法，其数及其琐细，恐怕胜于西洋法律的历史中所有的任何记录。一家的祭祀严格地规定了人的行为，组合励行了其义务的标准，而国家的统治者也一样严格地规定了个人——包括男女儿童——应该穿怎样的服装，怎样坐，怎样走，怎样说话，怎样工作，怎样吃，怎样喝。娱乐也和劳役一样不客气地被规定。

日本社会的一切阶级都在奢侈禁制的规约下——规定的程度虽随时代而有差异，但这种法律好像是从极古时代就有的。西历六八一年有天武天皇制定一切阶级的服装的记录——自皇族以至于平民，所着用的头饰衣带色泽都有一定[1]。僧尼着用的衣服及其色泽，在西历六七九年早有敕令规定。后来这种规定，其数大增，而又变琐细。到了一千年后的德川治世，奢侈禁制法显著发达，其性质在适用于农民的规定上表现得最好。农民的生活，悉为法律所规定，无微不至。例如有百石收入的农民（百石的收入等于一年九十磅至百磅的收入）得造六十尺长的房屋，但不许超过这个限度，室中又不许有装摆装饰品的客厅。倘无特许，屋顶也不得用瓦。农民的家族，任何人都不得穿丝衣服。农民的女儿，和有穿丝的资格的人结婚时，新郎在举行婚礼时也不得穿丝衣服。农民的儿女结婚时，只可以烧三种菜。给参加婚礼的客人吃的汤、鱼和菜的质与量，都有法律规定。礼物的数也有一定，酒、干鱼、菜等礼物的价钱也有一定，连可以送给新娘的一把扇子的质也被规定。农民无论什么时候都不能送高价的礼物给朋友。举行丧礼的时候，农民还可以供一种简单的菜给来吊丧的人吃。酒不能倒在杯里，只能倒在汤碗里——（这也许是只和神道的丧礼有关的规定）。孩子诞生的时候，祖父母（依习惯）只可以送四种礼物——“婴儿的布衣服一件”也在内，而且礼物的价钱也有一定。在男子的祝日（如五月节）连祖父母在内全家族送给孩子的礼物，由法律限定“纸旗一枚”及“玩具枪二根”。年收算定有五十石的农民，禁造长四十五尺以上的家。他的女儿出嫁时送礼的衣带，价钱不能超过五角钱。她的结婚宴会不能拿出一种

① 参照阿斯顿译《日本纪》第二卷三四三、三四八、三五〇页。

稲荷大神
奉

以上的汤。年收二十石的农民，不能造三十六尺以上的家，其材料也不能用榉桧等木材。其屋顶也限用竹子或稻草，地板上用厚席，就是奢侈，是被严禁的。女儿结婚时，不能飨客以鱼及其他烤菜。其家族的女人们，不许穿皮的雪屐，只能穿草履或木屐，屐上的带子也只可以用布的。女人们又被禁用丝制的发带和鳖甲的发饰，而只许用木梳或骨梳（不是象牙）。男人不许穿袜子，草鞋是用竹皮做的。这些人又不能用阳伞——即纸制的伞。算定年收十石的农民，禁造长三十尺以上的家。家里的女人只能穿带子是竹皮做的草鞋。他的儿子或女儿结婚时，只可以送一样礼物——就是搁被窝的长箱子。他生了孩子，也只可以送一样礼物，如果是男孩子，送一根玩具的枪，如果是女孩子，则送一个纸玩偶或泥玩偶。至于没有自己的土地的，身份更低的农夫，关于食物服装等，当然限制得更严重。例如他们结婚时，连那搁被窝的长箱子也不能用做礼物。不过关于这样屈辱复杂的限制，要想得到正常的概念，最好看威克摩教授发表的文件，其中主要条项如下："衣领及袖，可用丝，亦可用绉绸之带——但不可用于公会……""二十石以下之家族，须用武田碗及日光食台……"（这两种是最便宜的漆制品）。

"大农及组长可用伞，但小农佃户等仅可用蓑衣草笠……"

威克摩教授所公布的文件，不过是舞鹤的大名颁布的规约，但和这一样琐细严格的规定，过去大概是全国励行的。

我知道在出云，明治以前，有不独规定各阶级穿着的衣服原料，甚至于连色泽样子都规定的奢侈禁制法。在出云，甚至于屋子的大小，房间的宽度，建筑物和墙垣的高度，窗户的数，建筑的材料，也都由法律规定。像这样不独规定住宅的宽度，家具的价钱，甚至于规定衣服的材料——不独准备结婚的费用,连结婚的酒席的种类，食物器皿的种类，又不独妇女发饰的种类,连鞋屐的带子的种类——不独送朋友的礼物的价钱，甚至于连送给孩子的极廉价的玩具的性质与价钱也要规定的法律，当时的日本人怎么能够忍受服从呢?西洋人无论如何不能了解。但是社会的特殊构造，依组合的意志使这种奢侈禁制法可能，即人民自己不得不强制励行。上面已经说过，各组合（村邑）以五户或五户以上的家为一团，叫做组。构成组的各家主人，选出组头（组长），对上面的官宪直接负责任。组对于组内任何一个人的行迹都负有责任。进一步说，组中的一人对于其他的人都负有责任。上述文件中这样写着："组中各员必须严密监视同组各人之行为。无相当理由而破坏此等规定者，应受罚，而该人所属之组亦应负其责任。"把一个以上的玩偶送给孩子，也算是重罪，对于这个罪，也要负责任。不过我们要记忆在古希腊和罗马的社会，也有许多同样的法律。斯巴达的法律规定了女人梳发的样子。雅典的法律定了女人的衣裳数。从前在罗马，女人被禁止饮酒。希腊的米烈塔斯和马西利亚也有过同样的法律。在罗兹岛和卑散庭，市民是禁止剃胡子的。在斯巴达，市民是不能留须的。（至于规定结婚酒席的价钱及来客数的，较后代的罗马的法律，我想不必说了，因为这个法律主要为的是禁止奢侈。）日本的奢侈禁制法，特别是因为加在农民之上，故难免使人惊异，其理由与其说是为了奢侈禁制法的趣旨，无宁说是因为太不客气的涉于琐细之点，而太苛刻了。

人的生活连微细的地方也给法律规定的时候，——微细至于鞋帽的种类，妻子的头发的扣针的价钱，孩子的玩偶的代价——如果有言论的自由，究难置信。这当然是不存在的。言语受怎样的规定，除非研究国语的人，不能想象吧。社会阶级的构成，在言语的习惯内——在代名词、名词、动词的规则内——在后面或前面加上语头语尾便会有差等的形容词等内，反映得最明显。和服装、膳食、生活习惯的规定同样严格正确，所有的话的表现法，消极地或积极地被规定——与其说是消极地，不如说是积极地被规定。关于不能说的事情的例很少，关于必须说的事情的规则则有无数——必须选择的句子，必须用的言辞，非常的多。因为自小受训练的缘故，关于这一点是非常留心的。各人要学对长上讲话时要用怎样的动词、名词、代名词，对同辈、或下辈讲话时，要用怎样的词语。没有教育的人，关于这一点，也得多少学习一点。但教育对于这个言语上的复杂的结构，教得很好，所以只要学习几年，谁都能够自由使用。在上流阶级，这个言语的礼节，复杂得几难想象。语法上稍微加一点变化，便可以将听者捧起来，表示讲者的谦逊之意。这种情形一定在极古时代就行于一般人之间，后来受了中国的影响，这种适合仪礼的话就大为增加了。上自天皇——天皇有臣下所不能用的人代名词，或至少有代名词——下至庶民，各阶级都有该阶级独用的“我”这个话。相当于“你”或“您”的话，现在还在用的就有十六种，以前更多。[①]单数的二人称，对孩子、学生、佣人讲时，有八种。表示亲族关系的名词的敬称和卑称，也是同样的多，且有种种阶级；用以表示“父”的文字有九种，表示“母”的也有九种，“妻”有十一种，“儿子”也有十一种，“女儿”有九种，“丈夫”有九种。就中动词的规则，因礼节的必要，复杂到用简单的说明究难了解意义的程度。一个长到十九岁或二十岁，如果是自小留心受训练的人，大概可以完全懂得上流社会必要的动词的用法，但要更进一步精通上流的对话的礼节，还要数年间的研究和经验。随着位阶和阶级不断地增加，言语的形式也跟着产生。男人也好，女人也好，只要听他或她的会话，便可以断定他们属于哪一个阶级。和白话一来，文言也有严格的规定。女人所用的言语的形式，和男人用的不同。由男女两性的不同的修养产生的言语上礼节的相异，结果造成了信札的特殊文体——这就是所谓“妇女用语”，现在还

① 社会学者当然能了解这个事实和罗威尔的《东方精神》（Soul of the East）中所论的代名词的用法的节约，决不矛盾。在极度服从的社会，“有避免使用人代名词的事实”。当然如斯宾塞为说明此法而指摘的一样，在这种社会（有极度服从的社会），呼人的代名词的式样，才有最精细的区别，但也有上面那样的事实。

在使用。用语的男女的差别，并不是只限于书翰上，它是随阶级而异的，但对话也有妇女的用语。现在普通的对话中，有教育的妇女，还是使用男人所不用的话和句子。武士的女儿，在封建时代，有特别的表现形式。甚至于在今日，听在旧家庭中修养出来的女人的话，也可以听出这个女人是不是武士的家庭的人。

对话的材料和态度，当然也受限制。关于言语的自由的限制，可由加于动作上的限制的性质来推测。动作的规定非常琐细而严格。这并非仅仅是关于随男女阶级而变化的无数种类的敬礼——凡脸面的表情，怎样笑，怎样休息，怎样坐，怎样站，怎样走，怎样起身等等，都有规定。日本人自幼受这种关于表情和行为的训练。在长上面前，以容色动作来表露悲痛或苦痛的感情，不知道是从什么时期被认为不敬的表示，不过关于这一点，最完全的自己抑制，有史以前即已励行，这点是可以相信的。关于礼貌的种种琐细的规定，要求人不仅仅被动地去服从它，它是慢慢的——恐怕一部分是在中国的教下发达的。它的要求，不仅仅是叫人不可以将恚怒苦痛之感露出外面，它又要求人的表情和态度要表示相反的感情。勉强的服从是坏事，单是机械的从顺是不够的。服从的真实的程度，要以愉快的微笑，悦耳的声调来表示的。但这微笑，也有规定。微笑的性质，也要注意。例如对长上说话的时候，露出牙槽微笑，这是非常失礼的。在武家阶级，这种礼貌极为严格。武士的女人，和斯巴达的女人一样，听到自己的丈夫或儿子战死的消息，也要表示喜悦的样子。这个时候，稍微表示自然的感情，就是非常没有礼貌。所有阶级的礼貌，都有严格的规则为范。甚至于在今日，人们的态度到处表示从前的规律是怎样的东西。最奇怪的是，这从前的态度，与其说是习练而得，不如说好像是自然预备给人的，与其说是训练而得，不如说好像是本能的。行礼——低头，以及祈祷时静静发出声音而将气息吞进去——迎人送人时，将两手放在席上的位子——在客人面前的坐法，站法，走法——接东西捧东西的样子——这些普通的行为，一见也都自然而有魅力，令人觉得单靠教习是学不会的。至于更高的礼貌，尤其是如此。——即在有修养的阶级，由从前的训练而生的精巧的礼貌，是如此——特别是妇女的态度。我们必须认为习得这种态度的能力，多赖遗传——必须认为是处于规律之下的人种的过去的经验的结晶。关于文雅有礼，这种规律对于一般人民，究竟有怎样的意义，我们可以从德川家康的给予武士的命令推测出来。据这个命令，武士对于三阶级（农工商）的任何人，苟有无礼的行为，都可以斩杀。不过可注意的一点，是家康对于“无礼”这个字的意义，留心加以限定，所谓无礼者，日本语有虑外者的意义——因此，必须以意想外，即“虑外的”行为为要件，换句话说，必须以违反规定的礼节为要件——

“士者，四民之司，农工商之辈不可致无礼之举，无礼者，即今所谓虑外者也。对士行虑外之举者，士不妨诛之。士有直臣陪臣上下君臣之别，但于虑外者，诛杀之权一也。”（第四十五条）

不过认为家康制定诛杀的特权，有点勉强。家康大概是把行之已久的武士的权利确定为律令罢了。关于下级对于长上的行为的严格的规则，可以说是在武家权利勃兴以前早已严格励行的。

恐怕在中国的刑法输入以前及以后，——以所谓明清的法典，在将军之下，以这法典治国的——国民全部处于笞下。庶民为了极小的罪，被处以残酷的笞刑。至于重大的犯罪，其刑罚为申斥而后诛杀。至于非常野蛮或近乎野蛮的刑罚，则有西洋中世纪时所行的火刑，十字架，磔刑，活油烹等。规定村民生活的文件中，没有表示法律的严峻的。组帐中有如此这般的行为要受处罚的宣言，不知古法典的人看了，大概不会觉得有什么可怕。事实上日本法律文件中有的“罚”这个字，自少量罚金以至于炮烙重刑，包括一切刑罚在内。在家康时代以前，为镇压争斗而用的严罚的证据，见于西历一六一三年到日本来的船长沙利斯的难得的书信中。船长写道：“七月一日，同伴中有两人互相争执，快要到野外去（就是要去决斗），结果使我们所有的人陷于危险。因为怒而拔刀的人，即使并没有伤害人家，也要被诛，倘使稍

微伤害了人家，那么不独自己要受死刑，其一家也要受同样的刑罚……”

不用说，死刑与其说是为争斗这个犯罪而施，不如说是为更大的理由而施，但争斗之被严禁，并受重罚，则是事实。武士阶级虽有诛杀庶民阶级的“虑外者”的特权，但自己本身也要服从比这特权更严峻的规律。说了一句使人感觉不愉快的话，或做了一个使人不快的表情，或者担任一个任务时犯了细小的过失，其刑罚就是死刑。普通武士是可以自己对自己加以死刑的，即自杀是被认为特权的。不过将短刀深深刺入右腹，徐徐而又稳固地拉到右面，这样切腹，和普通的磔刑，即刺穿两胁的刑罚一样，确实残忍。

关于个人生活的一切事情，既为法律所规定，同样，关于个人的死的一切事情，如个人的棺材的质，埋葬的费用，葬礼的次序，坟墓的形状等，也都有规定。第七世纪时颁布了法律，任何人都不能用不合身份的费用。这些法律，依身份而规定了葬礼的费用。后来的法令，规定了棺木的大小，材料，和墓石的大小。到了第八世纪，又颁布法令，为王侯至百姓的一切阶级，制订了葬礼的细目。到了后代，又为了这个问题，施行别的法律以及法律的修正。不过无论在什么时候，关于葬礼，一般人都想弄得盛大，这个倾向相当的强，因此数代之间虽有奢侈禁制法之实施，今日尚存留为社会的弊害。这是因为有那对于死者的义务的信仰，以及由这信仰而生的，虽使一家陷于贫穷，仍旧将灵重视，使灵喜悦的愿望。想到此点，便容易了解了。

以上所述的法律，其中大多数由近代人想来，一定认为是专制的。规定之中，由西洋人的眼睛看来，也有异常残酷的地方。而且避免这种法律的习惯的义务的路，一条也没有。不能做到这个义务，除了死或流浪以外，别无他路可循。唯有绝对服从是生活的条件。这个规定的倾向，自然会抑压精神上及道德上的意见的相异，使个性麻痹，做成嵌入固定模型的性格。作为其实际上的结果，得到了这样的东西。日本人的思想，现在还保存着祖先的思想被压抑限制而成的旧型。如果不知道助力形成此型，在抑压之下使此型结晶的法律，便不能理解日本人的心理。

但又从另一方面来讲，这冷严如铁的规律在伦理上的效果，不用说是高超的。它使子子孙孙实行祖先的节俭，其强制由日本的异常贫困这一点想来，被认为是正当的事情了。这个强制抑低了生活费，比较西洋人认为再不能少的程度，抑得更低，这样养成了质实简朴俭约之念，厉行了清洁礼节与刚健。而且奇怪的是，这并没有将人陷于不幸。人们忘记了自己的辛苦，而将世界看得很美。事实上，从前的生活的幸福，反映在旧时日本的艺术里面。这和希腊生活的快乐，从无名画家花瓶的笔触之间，对我们呈着笑脸，完全相同。

这说明又不困难。我们要记住这个强制，并非仅仅从外部来维持，而实在是从内部来维持的。日本人的规律是自己来施于自己的。人们慢慢的造成了自己的社会状态，而法律来保持了这个状态。即他们日本人将这法律信为绝对至上的东西。他们由这法律是立脚于自己道德上的经验的很好的理由，相信它是绝对至上的东西。他们因为有这样的信仰，所以好好的容忍了它。唯有依宗教，人们才能受这样的规律，而不变为懦弱的人。日本人从未堕落为这样的人。强人克己服从的传统，又强人养成勇气而又要快活。为政者的权力是绝大的。因为一切死人的权力支持了为政者。斯宾塞说:“法律，不问其为成文或无文，是将死者对于生者的统治，以公式来表现的东西。过去的时代传其性质于后——在身体上以及在道德上——因此在现代所有的这个力量以外——又过去的时代将习惯及生活的样式传于后代，结果在现代上面所加的力量以外——还有一个力量。这就是依口传及文书残留，依过去的公共行为的规定而作用的力量……我要力说这些事实。”——斯宾塞又附加上去说：“为了明示它们在默默之中包含着祖先崇拜。”人文历史中的其他法律，恐怕没有再比旧日本的法律那样说明斯宾塞的话的真实吧。日本的法律是最明显地“将死者对于生者的支配以公式来表现的东西。”死者的手是重的，现在还是重重的搁在生者之上。

佛教的渡来

日本古代的宗教，对其他所有敌对的异邦的信仰的渡来，是表示反对的，其理由现在可以明白了。家族的基础在于祖先礼拜上面，村邑由祖先礼拜来治理，氏族与部族团体，也由祖先礼拜来支配，最高的支配者，是将其他一切祭祀结合于一个共通传统中的祖先祭祀的尊贵的祭司，同时是神，那么根本反对神道的任何宗教的传布，当然要被认为是对于社会组织全体的一个攻击。想到这些事情，那么佛教经过初期的几次斗争之后（其中一次是流血的战争），被接受为第二个国民信仰，这也许会使人觉得不可思议。不过佛教的本义虽根本和神道的信仰不相容，但佛教在印度，中国，朝鲜及其他诸邻国，知道怎样才能适应固持祖先礼拜的诸国民的精神上的需要。否则顽固的祖先礼拜老早将佛教溃灭了。因为佛教的几次广大的征服都是行于礼拜祖先的人种之间。在印度，在中国，在朝鲜——又在暹罗，缅甸，安南，——佛教都没有企图驱逐祖先礼拜。佛教无论在何处，都没有使人将它当做社会习惯之敌，但作为社会习惯之友而接受了它。佛教在日本，也采取了它在大陆各国成功过的同样政策。所以关于日本的宗教状态，要想得到明确的观念，必须将这事实记在心里。

现在日本典籍中，最古的——恐怕除了关于神道祭典（祝祠）者外——是第八世纪以后的，因此祖先礼拜以外没有宗教形式的古代社会状态，只能凭臆测而知。我们想象完全没有中国朝鲜的影响，方才能够漠然地想象在所谓神代存在过的东西，——而要决定在什么时代开始受了中国朝鲜的影响，倒也困难。儒教之先于佛教，大概很早。它的发达，作为组织力，远较急速。佛教在西历五五二年左右，最初由朝鲜传入。但当时的传道，未收多大效果。到第八世纪之终，日本政治的全体的组织，受儒教的影响而改为中国式。但未入第九世纪，佛教事实上已经开始扩布于全国了。它终于掩覆了国民生活，而在一切国民思想上，添上了它的色彩。但是古代祭祖的异常的保守思想——它那阻止和他物融和的力量——看西历一八七一年神佛分离之容易，可为明证。给佛教压倒千年之久后，神道突又回到它从前的素朴，而再建了古代祭祀的不变的形态。

不过佛教并吞神道的企图，一时差不多好像已经成功了。这个并吞的方法，据说是在西历八〇〇年时真言宗的著名宗祖空海即“弘法大师”想出来的。空海最初说神道的崇高的诸神是佛的化身。不过，弘法大师当然只仿效了佛教政策的旧例罢了。在两部神道[①]之名下，这神道和佛教的新的结合，得到了皇室的承认与支持。尔后这两个宗教到处被放在同一境内——有时甚且放在同一建筑物中，两者似乎真的融合了。其实，并没有真的融合，——这样的接触经过十世纪后，两者又那么容易地分离开来，宛如过去一次也没有接触过的一样。佛教实际给予永久的变化的，只在家庭的祭祖形式上，但甚至于这个也不是根本的，也不是普遍的。有的地方，这样的变化也没有、差不多在所有地方，多数人们还是采取了神道的祭祖方式。而皈依佛教的许多人，也继续表明其神道的旧信仰。他们一方面用佛教的形式礼拜祖先，另一方面又在家庭里礼拜古代的诸神。今日日本的家大抵都有神棚和佛坛两种[②]祭祀行于同一屋顶之下。不过我所以要写这个事实，是为了说明神道的潜势力，但绝不是借此表示佛教宣传的薄弱。佛教给予日本文化的影响，是那样的多，那样的深远，那样的复杂，那样的无限。只有一点可惊的是，它永久未能使神道消灭。许多著述家不注意地说，神道只残留为公式的宗教，成为一般的宗教的是佛教，这是完全错误的。事实上，佛教也和神道一样成为公式的宗教。它支配了平民

① 所谓两部，系“两个部门”或“两个宗教”之意。

② 如果那家是佛教徒，则祭祖与葬礼，用佛教仪式为原则，但神道的诸种，除真宗的信徒以外，一般佛教徒之家也都是祭的。但真宗的信者，其中多数也好像同样的奉神道，而他们也有自己的氏神。

的生活，也支配了上流阶级的生活。既有过归依佛教而为法皇的天皇，也有过做了民宫的皇女。佛教左右了政治家的行动，法令的性质，以及法律的执行。各村邑的佛教僧侣，既是精神上的教训者，同时是公许的官吏。他管理辖境内的登记簿，他又将地方的重大事件报告给当局。

儒教由于移植了爱好学问之心，故对佛教的开辟道路，给予了很大的帮助。第一世纪时，早有几个中国的学者在日本。但是统治阶级之间普遍地开始研究中国文学，却是在第二世纪之终。不过儒教并非代表新的宗教，它是置其基础于和日本极相似的祖先礼拜上的伦理教的一个体系。他要给人的是一种社会哲学——是万物的永远性的说明。它在孝顺之教上添加了力量，并使之扩大。它将已经存在的仪式加以整顿，建立有系统的东西，并借此组织了一切政治的道德。它对于统治阶级的教育，也成为伟大的势力，维持至今。它的教义，在最善的意味上，是人道的。它在统治政策上给予的人道的结果，其可惊的例证，见于日本政治家中最贤明的人——德川家康——的法律及格言中。

但佛教虽与神道之间有根本的差异，善能与旧信仰调和，而将更广大的人道的影响——即所谓慈悲这个一大福音，送给日本。在最高的意义上，它曾经是支持文化的一个力量。它教人尊重生命，爱护动物，如同爱人，现世的行动会影响到来世的状态，为了自己不知觉的前世的过失，要忍受现世的苦痛。除此以外，它确实将中国的产业和技术传给日本。建筑、雕刻、绘画、印刷、园艺——要之，作为美化生活的手段的一切技术产业——是在佛僧的指导下，最初在日本发达的。

佛教有许多的形式，近代日本有十二个佛教的主要宗派，现在仅就其最主要者，略加叙述。一般的佛教可以和哲学的佛教加以区别。大乘佛教，无论在哪一个时代，哪一个国家，都没有得到多数信徒。如果相信大乘佛教特有的教义——如涅槃之教——得到普通的人的理解，那就错了。普通人所理解的，是极单纯的人也可以了解和欢喜的教义。佛教有一句话叫“看人说法”，这是说说教要适应听者的能力。在日本——在中国也是一样——佛教不得不将其教适应于不惯于抽象观念的大多数人。就是在现在，民众也并不了解涅槃的意义。他们头脑里注入的，仅仅是极简单的形式。想到这一点，就觉得宗派教义等的差异，不必去想了。

要了解佛教对一般民众的心给予的直接的影响，就要晓得神道没有轮回之教。在前面已经说过，据日本的旧思想，死者的灵魂是继续存在于世间的。死者的灵魂以某一种方法和自然的不可见的力量混在一起，并借自然之力而活动。一切事情因这灵魂的——善恶两者的——媒介而发生。生时坏的人，死后变邪神，生时善良的人，死后变善神。但两者死后都受祭祀。佛教渡来前，来世受赏罚的思想还没有，天国地狱的观念也没有。那时以为亡灵和神们的幸福，系于生者的礼拜和祭物。

佛教企图将神道的古教义从新的见地来加以解释说明，而想干涉神道的教义。结果，虽然得到了一种变形，但未能抑压它。佛教可以说接受了神道教义的全部。这个新的教说，死者继续存在于看不见的世界，这是真的，因为无论什么人都有早晚要成佛（神的状态）的命运，所以认为一个人死后成为神，这个思想是不错的。佛教承认了神道的许多大神，承认了他们的资格地位，但说他们是佛陀或菩萨的权化。于是太阳的女神和大日如来被视为一人，八幡宫和阿弥陀也被视为一人。佛教又不否认妖魔或恶神的存在，他们被视为就是Pretas（饿鬼）或Mârâyikâs（魔）。至于恶灵，就是因前世恶业，自食其果，永久注定挨饿的饿鬼——Pretas。以前供给许多恶神——热病、疱、疮、赤痢、肺病、咳嗽、伤风之神——的牺牲，也给佛教承认而继续存在。但改依佛教的人，把这种邪神视为Pretas（饿鬼），又规定只将可以供给Pretas的祭品供给这些邪神——这不是为了赎罪，而是为了救济亡灵的痛苦。此际又和祖先的灵魂的场合一样，念经是为亡灵而念，而不是向亡灵而念，佛教也这样规定。读者可以想起罗马旧教，也以同样的用意，使古代欧洲的祖先礼拜实际上依旧存在。现在西欧各国，无论在什么地方，农民们在万灵节①晚上，还是将死者的灵魂接得来飨以食物，因此我们不能认为到处祖先都已绝灭。

① 万灵节All Soul' s Day是在罗马旧教的国家，认为是死人一年一次回到家里来的日子，即十一月二日。这天坟墓装饰得特别美丽。相当于我国的盂兰盆会。——译者注

不过佛教对于旧的祭祀，不仅仅使它继续存在，又使它更加优美。在佛教之下产生了新而美丽的家庭祭祀。近代日本的祖先礼拜，其动人的优美的情操，可以知道是从佛僧的教化得来的。改依佛教的日本人，不复将死者视为旧意义的所谓神，但依旧信其存在，不忘记以尊敬及爱情来呼唤他们。Pretas的教义，对那畏惧疏忽家庭祭祀的感情，给予了新的力量，这是值得注意的。一般地被人厌恶的亡灵，也许不是神道所谓“邪神”，但有恶念的饿鬼，的确比邪神被人畏惧，因为佛教规定饿鬼的恶力是这样可怕的。在各种佛教的葬礼中，死者实际上现在也被人称为饿鬼——这是可怜的，但又是可怕的——它大大的需要人的同情与救济，但又可以靠灵的力量报答供养它的人。

佛教所以有特别的吸引力，是由于它对于自然的简单而巧妙的解释。过去神道不去说明或不能说明的许多事情，佛教倒细细加以说明，而且解释得看上去没有什么矛盾。佛教对于生死生命的许多神秘的说明，使纯洁的心立刻得到安慰，邪恶的心得到责备。佛教告诉人，死者幸福与否，并非直接由于生者对于死者注意不注意，而是由于死者[①]过去在现世时的行为。佛教并没有企图将关于连续性的再生的高深

① 读者一定会怀疑，佛教怎么能使再生之教和祖先礼拜的思想妥协。如果人死是为了再生，那么又何必为了再生的灵荐食物，做礼祷呢?对于这个疑问，他们告诉人说，死者不是立刻再生，他先要进入所谓宇宙这个特殊的状态，死者在百年之间停留在这无形的状态中，然后再生。因此佛教对于死者的服务，仅限于百年。

的教义教给人，因为要人理解究竟很难，因此它要教给人的，只限于什么人都可以了解的轮回的简单而象征的教义。所谓死，并不是回到自然，而是在另外一个地方再来享受这个生。来世的肉体的性质，一方面要看来世的诸条件，一方面还要看现世的这个肉体，其行为及思想如何。一切存在者的状态及事情，全是过去的行为的结果。有人现在又富贵又有权势，为什么呢？因为他在前世为人宽厚慈善。有人多病而穷，因为他在前世耽于肉欲，过去利己。某女人现在跟丈夫和孩子们过着幸福的日子，因为那个女人在前世是可爱的姑娘，贞淑的妻。有女人又穷困，又没有孩子，因为她前世是妒性很大的妻，不慈悲的母亲。佛僧这样教人："恨你的敌人，是愚笨而错误的事情。你的敌人，因为在前世要做你的朋友的时候，给你背叛了，因此现在做你的敌人。你让你的敌人来加害于你吧。你把它当做你的前世的罪过的报应来接受吧！假使有一个少女，你要娶她，但给她的双亲拒绝，而嫁给别人了。但是他生总有一个时候，她会履约而成为你的人……你失去了孩子，当然很伤心，但这是因为你在前世应该给同情的时候，没有给，就是这个报应……遭遇不幸而伤害了身体，你不能再像从前那样生活了。但这个不幸，正是因为你在前世曾经无故伤害了人家的身体。现在你自己的恶行回到你身上了。你要悔过，你要祈祷现在的苦行可以赎偿前世的恶业……"人的一切悲哀，就像这样加以说明，而得到安慰。生命是无限旅程的一个阶段，这条路的后方伸展在

过去的黑夜，前方伸展在未来的神秘之中。所谓生命就是从被忘记了的永远的过去一直伸展到今后存在的永远的未来的一个阶段。而世界本身也不过是一个旅客的休息场所，是路旁的一所旅店。

佛僧对众生说教，为使人容易理解起见，不说涅槃，而代之以慈悲之可得，苦难之可避，即无量光明之王阿弥陀的乐土，以及叫等活的八热地狱，叫部陀的八寒地狱等。关于未来的罚的教，实在可怕。我对于神经纤弱的人，劝他不要去看这日本的，其实是中国的地狱的故事。不过地狱仅仅是为了极恶的人而设的罚，罚并不是永远的，恶魔到末了也可以得救。天国是善行之报，但这个报当然为了永远残留的因业，在经过几次再生之间，延长下去，不过在另一方面，这个报也许可以为了唯一的善行，而在现世获得。此外，在未达到这个最高的报的时期以前，每次再生的时候，其一生在可贵的行程上，因不断的努力，比较前世更幸福。关于这个有为转变的世间的状态，德行的许多结果，也是决不可以轻视的。今日乞丐，明天也许会投生在王公的邸宅里，盲目的按摩，来世也许会成为大臣。报偿恒与功绩的量为比例。在这个世界，要有最高的德行，是很困难的，因此要得到很大的报偿也很难。不过一切善行都有报偿，这是确实的，而得不到功绩的人，却一个也没有。

神道关于良心的教义——关于正邪的天赋的观念——佛教连这个也没有否定。但这良心——佛教说——是在各人的心里睡着的佛陀的本来的智慧。这个智慧，会因无知而变暗，因欲望而闭塞，因因业而受束缚，但最后总要醒过来，同时心也充满光明，这也是一定的。

佛教教人对于一切生物都要温情，对于一切畜类都要怜悯，这个教训，恐怕在这个新宗教尚未普遍于世间时，已经在国民的风俗习惯上发生很大的效果。早在西历六七五年，天武天皇就下敕令禁人民吃“牛、马、犬、猿、家禽类之肉”，又禁用网罗陷阱，以捕禽兽。天武天皇所以没有禁止吃所有的肉，大概是因为天皇热心保持两方面的信仰的缘故。因为绝对禁止，有背神道的习惯，而与神道的传统不相容。不过鱼类虽然是普通人的食品，但从这个时候起，可以说大部分国民已经停止食物的旧习惯，依从佛教的教戒，断绝了肉食。这个教，其基础在于万法一如的教义。佛教对于世间一切现象，以因业来说明。为使这个意义为一般世人了解起见，说明一切种类的动物——鸟类也好，爬虫类也好，哺乳类也好，昆虫类也好，鱼类也好——都不过是因业的许多不同的结果的表现，每一个动物的灵魂的生活，都是一样的，甚至于最下等的动物中，也有神性的片影存在。青蛙也好，蛇也好，鸟也好，蝙蝠也好，牛马也好，一切动物过去都有成为人形（也许是人形以上的东西）的特权，它们现在的姿态，不过是从前犯了过失的结果，同时无论哪一个人，也会因同样的过失，来世堕落为不会说话的禽兽——也许变成爬虫类，也许变成鱼类，也许变成鸟类，也许变成背负重担的兽类。无论什么动物，如果虐待它，虐待者就会投生为同样的兽类，而受同样的虐待。被鞭打的牛马，被杀的鸟，谁能断言它们以前不是自己的一个近亲——祖先、父母、兄弟、姊妹、或孩子呢？

这些事情不仅仅是用话来讲给人的。我们要记得神道是没有任何艺术的。神道的宫殿，闲寂而无装饰。但佛教却送来了雕刻，绘画，装饰等一切艺术。在黄金里面微笑着的菩萨的像，佛教的极乐的天人，地狱的判官，女性的天使，以及可怕的鬼神的姿态等，给一向没有接近一切艺术的人看了，一定使他们惊异了。挂在庙里的大画，壁上及天花板上的大壁画，比言语更有效地说明了六道①之教及未来的赏罚。并排挂着的立轴中，画着灵魂受了审判后在旅程中发生的种种事件，以及各色各样的地狱的一切可怕的事情。有人画着不贞洁的女人的亡魂，年年在死泉的旁边用血污的手拾取竹叶的样子。有人画着诽谤了人的人，给狱卒用钳子拔出舌头受苦的情形。又有人描写色情狂的人，给火女人拥抱，力图挣脱之状。以及将险峻的剑山疯狂攀登之状。此外又有饿鬼世界的种种样相，饥饿的亡魂的痛苦，以及投生为爬虫类及兽类者的苦痛等的描写。而这初期的绘画艺术——现在尚

① 六道是一切众生因善恶的因业而必至的六种境界。即地狱、饿鬼、畜生、修罗、人间、天上。——译者注

保存许多——决不是低级的艺术品。阎罗王的颦蹙的红脸，能将所有的人的一生中的恶行照出来的怪镜子的幻影，又在审判席前具有任何秘密都能看穿的眼睛的女人的可怕的头，又能将恶事的一切味道都能闻出来的男人的头，这些东西对那些没有看惯的人的想象给予了怎样的效果，我们很难想象得出来。做父母的人，在图画里看见孩子的亡灵的世界的故事，一定很感动——那个小小的亡灵，要在狱卒的监视下吃苦头。这样的恐怖的图画以外，一方面又有安慰的图，如慈悲的女神观音的美丽的姿态，幼儿的亡灵之友地藏的慈爱的微笑，用光彩陆离的翅膀在空中飞行的天女的魅力等。画佛画的人，使单纯的人想象到极乐世界，穿过宝玉的树园，享受了无上幸福的灵魂，再生在莲花里面，给天女们服侍着的湖水的岸，也给他们去想象了。

又看惯了简素的神道的祠宇的人，看见了佛僧建筑的新寺院，一定是十分惊异的。给巨大的立像守护着的中国式的宏壮的门，铜或石刻的狮子及灯笼，用棒来撞鸣的巨大的吊钟，广大的屋檐上的龙形，佛坛的炫耀的光彩，念经，烧香，以及配着奇怪的中国音乐而举行的仪式。——这些不能不煽动了喜悦与畏敬之念，以及人们的好奇心。日本初期的佛寺，现在连西欧人看了还是会非常感动，这是值得注意的。大阪的四天王寺——曾经数度修筑，但仍保原形，是西历六〇〇年以来的东西，奈良附近的更有名的法隆寺，是六〇七年时造的。

当然，有名的绘画和巨大的雕像只见于寺院，但不久佛僧们已经将佛陀菩萨等的石像连最边僻的地方也放到了。从此便有了现在还在路旁对着行人微笑着的地藏菩萨——又和三只象征的猴子保护公路的庚申的像——保护农民的马的马头观音——此外在虽则粗杂然而印象深刻的技术中，还有许多令人想起印度起源的像。墓地慢慢地给梦幻般的佛陀或菩萨——坐在石制的莲花上，闭着眼睛，崇高地寂静地微笑着的神圣的死者的守护者——充满了。都会里，到处有佛教的雕刻匠开了店，制造各种佛教宗派所礼拜的菩萨像，供给虔敬的家庭。灵牌和佛坛的制造者，其数增加而昌隆了。

一方面，人们无论根据哪一种信仰礼拜祖先，都是自由的。如果说大多数的人选取了佛教祭典，那么要归功于佛教给予祭祖的特殊而有情味的魅力了。除了琐细的事项以外，这两个祭典，几乎没有什么差异。旧的孝顺的思想，和将新的祖先礼拜合在一起的佛教思想之间，没有任何争执。佛教教人道，死人是可以因念经而得到幸福，拿许多食物供养，亡灵便可以得到安慰。亡灵不可以供给酒肉给他，但是拿水果、米饭、点心、花、香之类使他欢喜，这是至当的。此外，极粗陋的祭品，也可以因念经之力，变为高贵的神酒或其他香美的东西。这种新的祭祖方式，所以特别得到民众的欢迎，是因为其中包含着旧的祭祖方式中所看不见的许多优美的，使人感动的习惯。不久，到处人们都知道焚烧一百八枝火来迎接每年来访的死人了，——知道用稻草或蔬菜等做的小动物供给灵魂，以代牛马了——又知道造亡灵的船，以备先祖的灵魂渡海归冥土。每逢盂兰会跳舞，墓上挂白灯笼，家门口挂彩色灯笼，用来照亮来访的死者的路；这样的习惯也养成了。

不过佛教对于国民的最大的价值，恐怕是教育了。神道的神官本来不是教育者。古时他们多半是贵族，即氏族的宗教上的代表者，因此他们根本想不到教育平民。佛教却将教育的福利施与万人——不仅是宗教上的教育，连中国的艺术和学问也教给他们。不久，寺庙变成了普通的学校，或者有学校附属在寺庙了。附近村庄的小孩子们，出了一点点真是仅有其名的学费，学习了佛教的教义，汉学的知识，习字，绘画，以及其他种种事情。差不多全国民的教育，逐渐在佛教僧侣的掌握中，其道德上的效果，非常良好。武士阶级本来有特殊的教育法，但是武士阶级的学者，还是努力在名僧之下完成其知识。皇室也聘用了僧人做侍讲。在大众之间，到处有佛教的僧侣做了学校的先生。僧侣为了宗教上的任务和教师的职业，得到和武士同等的地位。日本人的性格中，有许多剩留着的最好的地方——吸引人的优雅之点——可以说是在佛教的训练下发达的。

僧侣除了做教师以外，又执行过公共户籍吏的公务，这是极自然的。一直到所有的领地奉还给天皇的时期以前，佛教的僧侣在国中执行宗教上及公务上的任务。他们保存村的

记录簿，必要时，交付了出生、死亡、或家系的证明书。

关于佛教给予日本的许多文化上的影响，稍想提供正当的思想，恐怕要著作很多的书。单述一般的事实，并概论其影响的诸结果，也几乎不可能——因为概略的说明，不能阐明全部事体的真相。佛教在道德上，凭其力量，引起了比神道的所为更大的希望与恐怖，对权威者给予了更大的力量，对一般人的教育是服从。佛教作为教师，无论在伦理上或审美上，教育了最上级的日本人以至于最下贱的日本人。日本的艺术都是由佛教移植过来，或因佛教而发达的。又除了神道的祝祠和古诗的断片以外，真正有文学价值的，几乎所有的日本文学，也可以说同样的话。佛教传来了戏剧、诗、小说、历史，以及高尚的哲学。日本人生活的精华，都是佛教所传来，至少其娱乐安慰的大部分是如此。甚至于在今日，在这个国内产生的有兴趣的东西，或优美的东西，一点也没有受佛教影响的，差不多没有。要讲述这个恩惠的过程，其最善而最短的方法，莫如说佛教将中国文化全部输入日本，并为适合日本人的要求起见，慢慢的加以改变，这样说就够了。这个古旧的文化，不仅重叠在日本的社会机构上，它又巧妙地和它适合，完全地和它结合，结果连接缝也消失了。

社会组织

社会组织

故斐克教授，在所著《宇宙哲学概论》中，曾说明中国，古代埃及，古代亚叙利亚的社会，其说明颇有兴趣。他说：“这些社会之与现代欧洲国家的姿态相似，正如石炭时代的沙罗木之与现在的外长茎植物相似。但这与其说是相似，不如说是同一，因此关于其发达的途径，是非常相似的。”此说对于中国如果是真实的话，那么对日本说，也是真实的。古代日本的社会组织，不外乎是家族的组织——原始时代的族长式家族扩大而成的东西。现代西欧的社会，也都是从族长式的状态发展而来的。希腊罗马的古文化，也是这样建立的；但其规模较小而已。不过欧洲的族长式的家族，数千年前，早已崩溃。氏族(Gens）和种族（Curia）分散而消灭了，本来分离着的诸阶级，融合起来，到处，社会的整个改造慢慢地进行起来，结果，任意的协同代替了强迫的协同。以产业为主的形式的社会发展起来，国家的宗教代替了古代的仅属于一个狭小地方的祭祀。

先来看看古代日本社会的性质。其起源的单位，不是一家，而是族长式的家族——换言之，就是所谓同族（即氏族），是来自同一祖先的血统，或因共同的祖先礼拜——因祭祀氏神而在宗教上结合起来的数百个或数千个人的团体。上面已经说过，这种族长式的家族有两个阶级，即大氏（大氏族）与小氏（小氏族）。小氏分自大氏，前者从属于后者；因此结合了小氏的大氏的一团，大体可以和罗马的种族（Curia）或希腊的种族（Flatori）相比。农奴或奴隶的大集团，大概属于许多大氏。这些奴隶之数，在极古时代，大概也较氏族的人数为多。这些附庸阶级的各种名称，表示服役的阶级及其种类。有表示属于场所或一个地方的品部，表示属于家族的家部，表示属于领土的民部等，但其中更普通的叫做“民”。这从古时的意义来讲，有“从者”的意思，现在用作英语的“folk”的意思。大多数人民既在服役状态，故服役也有许多种类，这倒无可置疑。斯宾赛曾经指摘，要将奴隶制度和农奴制度的差异，完全照文字上加以区别，决不是容易的事情。因为特别是在社会的初期状态，从属阶级的实在情况，并非依存于特权与立法的事实，而是依存于主人的性格和社会发达的实在情况。叙述日本的初期制度时，也很难分出这个差别。关于古代从属阶级的状态，我们现在知道的还是很少。不过可以断言当时实际上只有两个大阶级，即居支配地位的寡头政治及从属的人民，这两个阶级当然又可以分做许多阶段。奴隶在脸上或身体的其他部分，刺有记号，表示其所属。这种文身的制度，在萨摩地方，一直残留到近年。在这个地方，记号大概刺在手上，在其他许多地方，下层阶级的人们，通常刺在脸上。在古代奴隶被买卖，一如家畜，或被主人当作贡物献纳，这个习惯常见于古代的记录。奴隶是不许团结的，这点使我们想起罗马人间的Connubium和Contubernium的区别，做奴隶的母亲和做自由人的父亲之间所生的孩子，也要做奴隶。[①]到了第七世纪，私人的奴隶被宣告为国家的财产，结果当时大多数奴隶——几乎全部——不，恐怕是全部——被解放了，但其全部是工匠或从事于有益的职业的人。慢慢的成立了被自由解放的一大阶级，但一直到现代，一般人民似乎大多数被置于近乎农奴的状态。大多数人确实没有姓，这可以认为是过去做奴隶的证据。真正的奴隶，用他们的主人的姓名登记，至少在上古时代，他们是没有自己的祭祀的。明治时代以前，只许贵族，武士，医师，及教师取姓，也许有两三个例外。关于这个问题，还有一个奇妙的事情，这是故西蒙斯博士指出的，他指出隶属阶级蓄发的式样。一直到足利将军的时代

① 在六四五年代，关于这个问题，孝道天皇曾经公布了这样的敕令："男女之法，良男良女所生之子，属其父；良男娶婢所生之子，属其母；良女嫁奴所生之子，属其父；两家奴婢所生之子，属其母；寺庙奴隶所生之子，从良人之法；其他成为奴婢者，从奴婢之法"——《日本书纪·孝道天皇纪》。

（西历一三三四年），除了贵族，武士，神官，及医师以外，所有的阶级，剃去头发的大部分，梳了一个“丁髷”，这种头发的样子，叫做奴头或奴隶头，顾名思义，可知这个习俗发生于隶属时代。

关于日本的奴隶制度的起源，研究的余地尚多。古来陆续移居日本的证据很多，至少在极古时代移居日本的人中，因后来的侵入者而陷入奴隶状态者也有。朝鲜人和中国人迁居日本者也很多，其中为了逃避远较奴隶状态恶劣的祸难，自愿做奴隶的人好像也有。但这个问题，尚未明白。我们听说在上古时代，被沦为奴隶，是普通的刑罚，无力还债的人会沦为债权人的奴隶，[①]盗贼被判决做被盗者的奴隶。不用说，隶属的状态，也有许多差异。奴隶之惨者，近乎家畜。但农奴之中，不许买卖，除特殊工作外，不许使用的也有。这些人似乎是主人的血族，为了生活或避难，自愿入奴隶状态的。他们和主人的关系，使我们想起罗马的食客及其保护者的关系。

在古代，武人阶级的首领，由天皇任命为暂时的总指挥，后来这些总指挥横夺权力，世袭职权，遂成为实际的Imperatores（大将军）。他们的称号将军，西欧的读书界也知道。将军统御两百个至三百个领域或地方的领主——

---

① 六九〇年持统天皇发布的敕令，制定为父者可将其子卖为奴隶，但负债者只可实为农奴。曰：“若有百姓，弟为兄见卖者，从良。若子为父母见卖者，从贱。若为负债没贱者从良，其子虽配奴婢，所生亦皆从良。”——《日本纪》。

领主的权力与特权，视其收入及阶级而异。在德川幕府的治下，这些领主或诸侯，数达二百九十二。在这以前，各领主或大名在自己的领土上有着最高的支配力。耶稣教的牧师及古时荷兰和英国的贸易商人等，称这些领主为“王”，毫不足怪。大名的专制，最初为德川幕府的创始者所阻。家康将大名的权力大加限制，大名倘有压制与苛酷之罪，如证明属实，其领土即被没收，其中当然有若干例外。家康将全部大名分为三类：（一）三家或御三家，即“三高家”。（必要时，将军之后继者由这家族中选出。）（二）谱代。这是家康的家臣，因有功于家臣，被封为领主者的名称。（三）外样。不属于谱代者。其中谱代之数约二倍于外样。此等大名中，最小者，其俸禄为米一万石（石之价值，随时代而大有差异，一万石约值一万磅），最大的大名，即加贺的领主，食禄一百零二万七千石。

大名之大者，拥有大小家臣，此等家臣各自又养有受过训练的武士，即战士，此外又有武人兼做农夫的特殊阶级，叫做乡士，有的乡士，其特权与权力，大于大名之小者。乡士大半是独立的地主，是一种士民，但乡士的社会地位，和英国的士民比较，有若干不同之处。

家康除改造了武人阶级之外，又创设了两三个新的小阶级。其中较重要者，是旗本和御家人。旗本这个名称，是“持军旗者”的意思，其数凡二千，御家人约有五千。这两个武人团体，构成将军的特殊武力，旗本是收入多的家臣，御家人是收入少的家臣，两者只因直接为将军服务，故居一般武士之上。所有阶级的武士，总数约有二百万。他们无须纳租税，并有佩带两柄刀剑的特权。

以上所述，仅系概要，但这就是将国民严格地支配过的武士阶级的大体的制度。一般庶民的大多数，分为三阶级，即农工商。

此等三阶级中，农民身份最高，仅次于武士。实际上，武士多兼为农民，而农民之中，有的人其地位远较一般武士为高——武士阶级与农民阶级之间，颇难划一个界线。总之，农民的职业被认为是有名誉的。农民的女儿，有的甚至于为皇室服务——不过其职位是极低的。农民之中，被许带刀的也有。在日本社会的上代，农夫与战士之间，似无任何区别。当时身体强健的农夫，都受战斗的训练，俾可随时成为战士。这个情形和古代斯堪的那维亚的社会一样。武士阶级成立之后，农夫与武士的区别，在日本某些地方还是不显明。例如在萨摩与士佐，武士从事耕作，一直到明治初年。又九州武士之优秀者，几乎全是农夫，其强壮的体格与体力，是从事田园工作而得。其他地方，例如在出云，武人被禁止从事耕作，山林虽可领有，但不许领有田地。有的地方，严禁武士从事其他职——商贾手工等——但允许其从事耕作。无论在什么时代，戮力耕作，未尝被视为堕落。昔日天皇之中，也有寄兴于耕作，躬自执耒耜的，赤阪离宫宛内，今日尚设有小稻田。依据太古的宗教传统，御宛内所出的稻，其初穗由天皇亲手刈取，在第九次祭日——新尝祭[1]——追荐于神圣的祖先。

农民之下，有工人阶级，凡铁匠，木匠，织工，陶工等所有手工业者，都包括在内。其中最高者为刀匠，这是当然的。刀匠往往超越其阶级，而居很高的地位。其中甚至于得到“守”这个很高的称号者也有，称为领土或某地方之守，这是大名的称号。因此他们自然受了天皇公卿等贵人的庇护。后鸟羽天皇，在自己的冶刀场亲自精励于制刀，这件事是很闻名的。一直到现代，锻刀身的期间，举行宗教上的祭祀。

主要的手工业，都有同业公会，而工作通常是世袭的。

商业阶级包含银行家，商人，店主，以及各种贸易商人等，通常被视为最低的阶级。赚钱的事情，为上流阶级所轻视。收买因劳动而生产的物品，再卖出去，这样来获利的一切手段，被认为是可耻的。身为武将的贵族，当然轻视了商人阶级。一般的武士阶级，对于普通种种劳动，并不怎样尊敬。不过在古代日本，农夫与工人的职业，并不受轻视，而似乎唯有商业被认为是可耻的——这个差别，从一方面来讲是道德的。将商人阶级贬入社会组织的最下层，一定产生了异样的结果。例如米商无论如何有钱，如果其家族原先不是其他阶级的人，其地位便要在木匠，陶工，造船工之下，即使米商能够僱用这些人，还是一样。商人到了后来，因为他

① 此日天皇亲手将该年最初的丝及稻荐于天照皇大神。

的子孙以外的人也加入了他的阶级，结果实际上商人阶级自身也得救了。

国民的四大阶级，即士农工商中，后三个阶级统称为平民（庶民），平民皆从属于武士，平民有非礼行为时，武士有斩杀之权。但实际上真正的国民是平民。生产国家的财富，造出岁入，负担租税，而维持贵族武士僧侣的生活者，实在是平民。僧侣和神官一样，另成一个阶级，但其地位不与平民等，而与武士齐。

这四个阶级之外，还有最下级的人民，叫做非人。非人有其特殊的首脑，又有只属其同伴的法律。从日本的社会被排斥出去的人，谁都能加入非人，一旦加入了非人，等于和普通世间的人告别了。政府也很贤明，并不去追究非人。非人的放浪生活，因此得到避免种种苦难的路。犯了小罪的人和不能营正当生业的人，既可以驱入非人之群，就不必将他们投入牢狱，或想其他的方法了。无可矫正的人，住址不定的人，以及乞丐等，一旦成为非人，等于受着一种制裁，因此政府事实上不必去监视他们。斩杀非人，不能认为是杀人，因此只要罚一点钱就行了。

关于古代日本社会的状态，读者现在大概已经得到正确的观念了。但其社会制度远较我所能叙述的来得复杂。因为非常复杂，这个问题倘要详细加以论述，非数卷书不可。其显著的特色，是没有僧侣的真正的政教政治；这是因为政府决不与神道分离的缘故。佛教方面也曾有过完全脱离中央政权而树立宗教上的政教政治的倾向，但这条路上遭遇了两个致命的障碍。第一个障碍是佛教本身的状态，即佛教分裂为许多宗派，甲乙派互相反目。第二个障碍是武家氏族的顽固的敌意，他们嫉视直接间接对自己的政策有干涉能力的宗教的力量。一旦证明了外来的宗教，在行动的世界也有不可轻视的势力，便采取了残忍的手段，于是在十六世纪织田信长实行残杀僧侣，这个恐怖的行动，熄灭了佛教在日本的政治上的希望。

从另一面来看，社会的构造和军国型的一切古代文化的构造相似。一切行动，积极方面消极方面都有规定。一家支配个人，五个家族的集团支配一个家族，组合支配这个集团，领主支配组合，将军支配领主。二百万武士对生产阶级全体、有生杀与夺之权，大名对于这些武士，有同样权力，而将军又支配大名，事实虽未必如此，但在名义上，将军是隶属于天皇的。有重大责任的地位，常因武力而被夺，或被变更。但由于政府的这种位置的转变，贵族以至于庶民，都贯彻了有规律的训练。生产阶级之中，有无数结合——各种组合，但这些都是专制主义中的专制主义，极端的专制主义，各人为其他人们的意志所统御，至于企业，商业也好，产业也好，离开了组合就不可能。个人如何受产业的束缚，上面已经说过，个人不得组合的许可，不能离开组合，组合以外的人，连结婚也办不到。我们又知道了所谓外来者，就

是古代希腊罗马所谓外来者，换句话说，就是敌人Ahostis，又知道只有得到宗教上的许可，方才可以加入其他的组合。

聪明的现代人很难相信可以在这样的境遇中生活（像英国的领江威廉亚丹那样，被家康引为士的身份，而受某一个有力的主权者的庇护者，自属例外），精神上肉体上不断地受种种束缚，那就等于死。现在有人论日本人在组织力方面有异常的才能，又有人论日本人的“民主主义的精神”，以为日本人适宜于所谓代议政体的证据，这不免混同了真相和外观。实际上，日本人对于自治体组织有异常的能力，这就是日本人不适宜于任何近代民主主义政体的最有力的证据。单看表面，日本的社会组织，和近代美国的地方自治体或英国殖民地的自治体间的差异，似乎很小，这样来看，那么我们佩服日本社会的完全的自治训练，自属当然。然而两者的真差别，是根本的，很大的——其大只能以数千年的岁月来测度。其差异是强迫共同和自由共同的差异——根据宗教的最古形态的极端的专制主义的形态，和无限制的个人自由竞争的权利及高度发达的产业组织的结合形态的差异。

不过社会的伦理上的传统，禁止牺牲同胞而图个人利益的社会，要对社会的自治承认个人的最大自由和最大范围的竞争企业的社会，实行产业上的生存竞争时，必将陷于非常不利的地位，这是很明白的。

我们会想象，如果精神和肉体不断地受了一般强大的压迫，便会觉得什么都干燥无味，生活的一切方面都会变成阴郁的划一与单调。不过这种单调，只在组合的生活上是有的，在民族的生活方面是不存在的。最不可思议的复杂多彩，成为希腊文化的特征，同时也成为日本的不可思议的文化的特征。其理由两者都是一样的。为祖先礼拜所支配的一切族长文化走向绝对划一及统一的倾向，又受其聚合体本身的特质所妨碍。因为聚合体决不能像盖了印一样成为单一的东西。聚合体的各单位，即构成它的小专制的集合中的各个专制，互相十分嫉视，各自保守自己的传统与习惯，闭关自守。由于这样的情形，早晚在无数各种各样的方面，发生艺术上，产业上，建筑上，以及机械上的复杂多样性。在日本，这种分化与专门化，被这样维持，因此我们找遍全国，找不出习惯产业和生产手段明确地一样的两个村落……渔村的习俗，恐怕是我所要说的最好的例。海边各处，各种渔民部落，关于渔网和小舟的造法，各自有父祖传下来的方法，各自采用特殊的方法。明治二十九年发生大海啸，溺死者三万人，流失村落计二十个，那时神户各地都献金赈灾。抱着好意的许多外国人，收买了在各地制造的许多渔网和小舟，送到灾地，好心想补救渔船和渔具的缺乏。后来才晓得这些礼物对于那些只用惯特殊的渔网和渔舟的东北地方的人民，毫无用处。后来又晓得各小村的渔业用具都不相同，各自需要他们特殊的东西。渔民村落的生活习惯上表现的这种差异，在其他种种手工业和职业上，也一样的表现着。房屋的建造法，屋顶的盖法，几乎随地而异。农业园艺的方法，井的掘法，布的织法，漆器陶器的制法，砖瓦的烧法，都不相同。几乎每一个主要乡镇村落，都有一种特产，以此为夸，并以出产地的地名名其产物，而这产物又和他地的产物不同。这种产业的地方特性，是祖先的祭祀加以保存并使之发达的，这点无须怀疑。人家以为手工的祖先即组合的守护神，希望他的子孙以及礼拜他的人的制造品，要维持独特的性质。个人的企图虽曾受组合的限制，但是各地方产物的特性，却受祭祀的奖励。家族的保守性的想法，或组合的保守性的想法，对于该地方凭经验而想出的小小的改良或修改，是加以默许的，但也许是由于迷信吧，对于接受由不同的经验而得的结果，倒很小心的加以防止。

现在日本人在本国内旅行之乐，还是在研究各地方不同的珍奇特产物——找寻珍奇的——意想外的，想象不到的东西的欢喜。从朝鲜或中国借来的古代日本的艺术或产业，受了无数地方祭祀的影响，保守了奇妙的形态，并使它发达了。

忠义的宗教

《社会学原理》的著者说："武家政治的社会，必需爱国心，盖爱国心乃其社会胜利之绝对原因也。其社会必需忠义之念。由此发生服从权威之心。欲其社会从顺，则其社会需要坚强之诚心。"

日本人的历史颇能证明这个真理。在其他任何国民之间，忠义之念，未尝如日本国民一样与人感动，且未尝有过如此异常之形态。又在其他任何国民之间，其服从心之培植，未尝如此认真——其信念乃出自祭祖的信仰。

读者可以明了，孝道之教——孝道者，乃关于服从之家族的宗教也——如何随社会之进化而扩展，又如何分成社会所要求之政治服从，及武将所要求之军事服从——所谓服从，非仅从顺之意，而是从心服从，非仅负责之念，而是守本分之情。由其起源思之，这种守本分的服从，本质上是宗教的，其表现于忠义之感者，尤有宗教性质，即不断表现为一种宗教性的献身。忠义之念早经发达于武人之历史中，吾人在最古的日本年代纪中，见有予人感动之例。我们又知道可惊叹的故事，牺牲自己的故事。

家臣之所有物，不独理论上，即实际上如身边所有之物，家庭，自由及生命等，莫不授自其主君。家臣为了主君，必须将这些东西的一部分或全部，徇其要求，欣然提供。而家臣对于主君之义务，并非主人一死即告消失，这和家人对于祖先的义务一样。两亲之灵，必须其子孙供以食物，主君之灵，亦须受其臣下之礼拜。主君之灵，不带一个从者，独往彼世，是不可忍的事情。因此主君在世时曾仕于他的若干人，便要死而同往。于是在上古时代发生殉死之风，其初是义务的，其后是任意的。前章曾述，在日本，殉死在大丧礼中是不可或缺的。此风残留至第一世纪时，从此时起，以烧粘土制成之人形，才代替了公然的牺牲。这种义务的殉死废止之后，自愿的殉死，犹存至十六世纪，成为武权所附带之一种习惯，前已言之。大名（诸侯）死时，其臣十五人至二十人切腹殉死，乃属常事。德川家康曾企图禁止此事。其著名遗训第七十六条谓：

“主人死而其臣殉死事，非无古例，惟无聊其理，君子已诽作俑，直臣固无论矣，即陪臣以下，均着即制止之，倘有违背者，非忠信之士，其迹没收，为犯法者鉴。”

家康的命令，确能使其家臣之间一扫殉死之风，但他死后，仍旧发生，可以说又复活了。西历一六六四年，将军发训令，宣言殉死者，不论何人，均予处罚。实际上，将军执行此令颇为热心。有右卫门之兵卫者，犯此令，其主奥平忠正死，切腹以殉，幕府即将该自杀者家族之土地予以没收，其子二人处死刑，其他充军。值兹明治之世，仍常有殉死事，但因德川幕府的坚决态度，大体上已能阻止。从此以后，最忠烈的家臣，亦以依宗教方式而行牺牲为通则。即家臣遇其主死，落发而入空门。

殉死之风仅表现日本忠义观念的一面。殉死之外，还有同样意义深刻的风习，例如武士独有的自杀习惯，以此处罚自己，盖系武士道之传统也。作为处罚的切腹，未尝有过立法上的禁止令，这倒有明白的理由。这种自杀形式，上代日本人似未知道，因为这种方法也许和军事上的其他习惯一样从中国传来。古代日本人的自杀方法，普通是缢死，《日本纪》证明这点。最初以切腹为一种风习或特权者，乃武士阶级。以前败军之将，或守城之将遇敌包围猛攻，乃自刃以免身辱敌手。这是至今遗留的习惯。允许武士切腹自杀，以免受死刑之辱，这种习惯在第十五世纪时，大概已经普遍通行了。此后武士以一言之命令自杀，成为当然之本分。凡

如意輪観音

为武士，均须服从这种规律似的法律，虽地方领主，亦不能豁免。至于武士的家族，孩子们不论男女均被教以如何为一身之名誉或为主君之意志有所要求时，随时有自杀之准备，及如何自杀之方法……妇女则不行切腹，而另有一种自杀的方法，即以短刀一刀刺断咽喉的动脉。至于切腹之仪式，其详细情形，有密福特氏之译文，为世人所周知，笔者兹不另叙。唯有一重大事实，必须记忆者，即所以要求武士之男子或妇女随时准备泰然自杀之可能者，乃由于名誉及忠义之心是也。武士有所毁约（不得已者亦不能幸免），或负困难使命而失败，或有失体面之过失，甚至于受主人愁眉一顾，亦充分成为切腹之理由。诸侯之大夫，对主君之非行，百般设法矫正，心思殚尽而不果，则切腹以谏，亦系一种本分。其悲壮之风习，根据事实，编为戏剧，流行于世间。武士阶级之已婚妇女——直接为丈夫，非为主君——大抵以割喉自杀为战时维持名誉之手段，有时因夫死自杀，以誓贞节于其夫之灵[1]。处女亦然。其理由虽异，然武士之女往往入贵族家庭为女佣，故该家冷酷之策谋，颇易陷女于自杀，又有为忠于主君之妇而求自杀者。武士之女之为人佣者，必须尽忠节于其主妇，一如普通武士之于主君。然则日本封建时代固多烈妇也。

极古时代，官吏之妻遇其夫被处死刑而亡，则亦自杀随夫，这似乎是当时的习惯。古代年代记中，此例颇多。此种

① 日本道学者益轩曰：“女无领主，女须敬其夫，服从其夫”。

习惯，或可以古代法律说明几分，缘该法律规定罪人之家族，纵与犯罪无关，然亦须与犯罪者同样负犯罪之责。然而为妻者，既丧其夫，非为失望，但为希冀随夫入冥土，俾能事其夫，一如生时，因是而自杀，固亦极当然之事。夫死，为妻者亦须尽其义务，一如生时，为此种旧观念而自杀者，最近亦有其例。此种自杀，今犹依曩昔封建时代之规矩行之——此际自杀者衣白衣。最近中日战争时，东京曾发生此种惊人自杀事件。牺牲者为战士浅田中尉之妻，年仅二十一岁。此女闻夫死，立即准备自杀。先依古例写遗书与近亲，收拾身边物件，清扫家中，然后衣白衣，向客室正面铺席，置其夫遗照于前，供以食物。准备就绪，即端坐遗照前，持短刀一刺，咽喉动脉断矣。

为维持名誉而自杀之义务外，武士之女，又有为道德上之抗议而自杀之义务。既如上述，最高级家臣之间，为谏主君之非行，竭尽手段而不果，则行切腹，认此为道德上之义务。武士阶级之妇女，其所受家教，乃将己夫视作封建意味之主君，彼等对于丈夫之污行，谏之以忠言，不纳，则自杀以表明自己的本分。如此亦视为一种道德上之义务。为妻者尊崇此种牺牲之义务观念，今犹严存，为非难道德上之非行，不惜抛弃一己之生命者，最近亦有。明治二十五年，长野县举行地方选举时发生之事件，最令人感动。一名石岛之选举人，初约定协助某候补人获选，后竟违约而助反对党某候补人。石岛妻闻夫违约，即身裹白衣，以昔时武士之方法自杀矣。此烈妇墓前，至今尚有地方人士献以鲜花，香火不绝。

依君命而自杀，固忠义之士绝对不疑之义务也，然较诸另一充分为世人所公认之义务，即为主君而牺牲妻子家庭，则似乎被认为容易多矣。然而日本的著名悲剧，多取大名（诸侯）之家臣或一族之牺牲事件为题材，例如为拯救主君之子而牺牲己子者之故事。[①]此等戏剧作品，以封建历史为根据，其描写事实，毫无夸张之点。此等事件，为适合戏剧场面，情节固有所改编，或加以扩大，然其表现社会之大体光景，并不较过去之现实为阴惨。世人至今犹喜此种戏剧，然而外国批评家对于此等戏剧文学，往往仅指摘其流血之场面，而谓此乃好血腥场面之国民性，即日本人种固有之残忍性之证据。但由我想来，日本人之喜欢这种过去的悲剧，乃日本民族所有深刻之宗教特质之证据，而此种特质乃外国批评家无时不努力企图忽视者也。此等戏剧尚为世人所欢迎，但其原因，非为场面之可怖，而为其道德上之教训，为牺牲与勇气之义务，即忠义之宗教之表现。此等戏剧表现着封建社会之牺牲殉难之最高理想。

忠义之精神，以种种形式表现于封建社会。弟子忠于师傅，伙计忠于老板。一如士之忠于领主。到处有信任。盖到处主人与佣人之间有同样之感情，即相互之义务是也。任何买卖，任何职业，都有忠义之宗教，即一方必要时要求绝对

① 参看东京长谷川出版有美丽插图之戏剧《寺小屋》之译文。

服从与牺牲，他方则要求爱护与扶助。而死者之支配临乎一切之上。

对杀害长亲或主君者，实行报仇，此种社会上之责任，与为君亲而死之义务同样，起源甚古。未有确定社会之时代，此种义务已经存在。日本之最古年代记中，复仇义务之例颇多。其后儒教益加确认此种义务。教人与杀害君亲兄弟者，不共戴天，又规定近亲之等级及其他关系，凡属其等级内者，报仇之义务，不可逃避。儒教早成为日本支配阶级之道德，于今亦然，此事须加以记忆。儒教之全体系建于崇拜祖先之上，可谓系孝道之扩大完成，此点已述前章。故儒教与日本道德之实际完全一致。日本武权发达时，关于报仇之中国法典，亦普遍被公认，及至后世，法律上及习惯上亦加以支持。德川家康亦支持之，唯有一条件，即欲报仇者，须先将申请书，送呈有司。

无论亲，近亲，君主，师傅，皆必须有人为之报仇。小说戏曲以妇女报仇为题材者甚多。被害者之家族中，无男人为之报仇时，由妇人孺子代行此义务之例，事实上颇多。弟子亦为其主人报仇，朋友之间亦须互相为之报仇。

报仇之义务，何以不限于骨肉血亲之范围，其理由可由其社会之特殊组织说明之。吾人已知其族长的家族乃一种宗教团体，又知家族之结纽，非出自自然爱情之结纽，而系根据祭祀之结纽，又知一家对于组合（小社会）之关系，组合对于氏族之关系，以及氏族对于部族之关系，同样系宗教关系。由其必然之结果，报仇之习惯，既系骨肉血亲之责任，同时亦受家族，组合，及部族所生之祭祀所规定，更随中国道德之输入，武权之发达，作为义务之报仇思想，范围遂广。虽属养子义兄弟，其所负责任，亦与亲生儿子骨肉兄弟相同。又师傅之于弟子，其关系等于父子。殴打己父，其罪当死。殴打师傅，法律上亦属同罪。此即孝道之义务推及“精神上之父”者也。此外亦有此种扩大推衍。无论日本中国，凡此种事情之起源，均可上溯祖先之崇拜。

任何讲述日本旧风俗之书，均未正当主张报仇本有宗教的意味。旧社会中报仇之一切习惯，起因于宗教，此事人多知之。日本之报仇事件，至今犹保持其宗教的特色，吾人对于此一事实，最感特殊兴趣。报仇确系一种安慰死者之行为，报仇后之仪式——即将敌人之首作为藉物而供于被害者之墓前——可为明证。此仪式中，最令人感动之特征之一，系往昔报仇雪恨后向亡者之灵所作报告。此种报告，有时以口头为之，有时则以文笔为之，而文章有时留于墓上。

读者中，不识密福特氏所著颇有趣之《旧日本故事》，及其所译《四十七士》之故事者，恐怕没有。但多数人知否洗涤吉野上野之介之首，究有何种意义，又为亡君报仇而久伺机会之勇士，其所呈与亡君之报告，究有何种意义者，则余以为颇有疑问矣。该报告，余将引自密福特氏之译文，系供诸浅野公之墓前者也。该文今尚保存于泉岳寺。其文曰：

“元禄十五年，岁次壬午，十二月十五日，进死臣大石内藏助以至于步卒寺坂吉卫门等，都四十七人，谨奉告于亡君之尊灵曰：去年三月十四日我君刃伤吉良上野介事，臣等不审其详，然我君遭生害，上野介则存命，公裁既毕，臣等虽知非君所愿，然臣等食君之禄，不共戴天之义，难以默止，然而请缨无主，昼夜唯有感泣，纵空抱耻以逝，终无词以对于泉下，同志等乃奉继尊志，以待今日，一日如三秋。四十七人赴雨踏雪，一二日始得一食，老衰病身者有之，然恐失之交臂，弥增我君之耻，爰于昨日夜半，赴上野介宅，携之来此，此短刀系先年我君所秘藏，今奉还我君，墓下有尊灵，曷来手斩，以洩郁愤！臣等四十七人敬白。”

由此观之，四十七人报告浅野公，视其如生人。敌人之首，洗涤干净，与九寸五分之短刀同供于墓前。该短刀系浅野公因幕府之命令用以切腹者，其后大石内藏之助斩吉良上野之介首时所用，今供诸浅野公墓前，呼其灵来斩其首，俾永久息灵之怒，以雪其忿。其后四十七人全部奉命切腹，以死随其主君，葬于主君墓前。彼等墓前，每日有景慕其忠义者，来供香烟，垂二百年以上。

倘要充分了解此忠义之故事，必须居住日本，而与古日本生活之真精神接触，但曾读密福特之翻译及可靠文件之译文者，皆言其读后感动不已。此报告文尤令人感动，盖文中所表现之情谊与信义，以及义务观念之及于现世以外者，特令人感动也。复仇一事，由我近代伦理观之，必受非难无异，然为主君报仇之日本故事，固有其可敬佩之一面也。吾人读此等故事而感动者，乃由于与普通复仇无关系之某种表现，即报恩，克己，视死如归之勇气，以及对于不可目睹者之信仰之发露。此点无论有无自觉，系受其宗教的性质所感动者也。单纯为个人之报仇，即为个人受害而抱执拗之报仇观念，固能伤吾人之道德感情，盖吾人所受之教，认为此种报仇情绪，系属单纯之兽性，即表示人类共同具有下等之动物性，但为报答已死主人之恩以及其义务感情而为之报仇故事，足能引起吾人崇高道德上之共鸣，以及诉诸吾人对于无私之心，热诚，以及不变之情谊之壮烈感情。而四十七士之故事，固系属于此类故事之一也。

但有一事，须待吾人记忆者，乃殉死，切腹，报仇此三种可怕的习惯中表现最高之旧日本忠义之宗教，其范围至狭小，盖此种习惯受社会组织所限制也。国民通过种种集团，到处为性质相同之义务观念所支配，然各人之义务范围，不出于各人所属氏族团体之外。凡为家臣者，须有随时为自己之主君牺牲之决心，但除非直接属于将军之旗下，对于幕府，则并不以为必须同样牺牲自己。其祖国，其乡土，及其世界，仅限于其主君之领地内。在其领地以外，其人仅属一流浪者而已。故无主君之武士，谓之浪人。在此状态

下，对天皇忠诚之念，对国家义务之感——此即近代所谓爱国心，而非昔时狭义之爱国心——未可谓为充分。遇有共同之危机，或全民族之危险，——例如蒙古人所企图之征服日本——果真一时唤起爱国感情，但除非如此，此种感情不大获有发达之机会。伊势之祭祀，因表现与氏族或部族礼拜不同之国民宗教，但任何人所受之教，认为第一系义务对于自己之领主，人不能任二主，而封建政府实际上抑压颇力，不使稍有此种倾向。各人将其心身完全献给领主，故除对于领主之义务外，对天皇国家忠诚之观念，未尝有机会显示于家臣之心。

至少幕府崩溃前为如此。德川家光时代，诸侯赴江户时，严禁接近皇居，受天皇命定而往时亦然。彼等又被禁止直诉于天皇。幕府之政策，在于完全阻止京都宫廷与诸侯间发生直接交涉。此政策得以防止阴谋二百年间，但又同时防止了爱国心之发达。

而此理由，正系日本受西洋之侵入而遭遇危机时感觉废除大名制度为最重要之原因也。绝大之危机，要求社会各单位一致团结，俾能统一行动，氏族及部族集团必须永久解散，一切权威须直接集中于国民宗教之代表人，即须废除服从地方领主之封建义务，而永久服从天津大君。在一千年间之战国时代养成之忠义之宗教，并不容易抛弃，倘能适当加以利用，可成为价值无量之国家至宝，倘有一贤明之人，使之趋向一贤明之目的，即能成为可演奇迹之道德力。维新对之亦无可奈何，但方向与形式之改变，则获成功。于是趋向更高之目的，向巨大之需要扩大，而成为信任与义务之新国民感情，即近代的爱国心。三十年之间，这爱国心究竟演出了怎样的惊异，世界今可知之，而将做出如何更伟大之事情，今后将可知之。唯有一事确实者，即日本之将来必须为自昔由死者之旧宗教发展而来之忠义之宗教所支持。

耶稣教徒之祸

第十六世纪的后半，是历史上最有兴趣的时期，其理由有三：第一，在这个时代，出现了信长，秀吉，家康等英雄；这种人物是只当一个民族遭遇最大危机时才产生的，而其出现，需要无数年代以及种种环境的特别配合。第二，这个时代所以重要，是因为古代的社会组织，在这个时代始告完全完成。即所有氏族的支配，具备一定的形式，统一在一个中央武权政府之下。最后，这个时期所以特有兴趣，是因为企图使日本基督教化的最初的计划的一个事件——耶稣教派权力的兴亡故事——恰巧属于这个时代。

这一个插话，在社会学上的意义，颇为重大。日本的安全所受的威胁中，最大的危险，是葡萄牙的耶稣教徒传入了基督教。日本用不客气的手段，牺牲了无数损害以及数万生命，好容易才摆脱了这个祸难。

基督教这个顶麻烦的东西，给撒维厄及其宗徒输入日本，是在织田信长努力集中权力以前的大战乱时期。撒维厄在西历一五四九年在鹿儿岛登陆，到一五八一年时，耶稣教徒们在日本已经拥有两百多个教会了。单是这个事实，也足够表示这个新宗教的传播，如何迅速。出此看来，这个新宗教好像有着扩展到整个日本的命运了。

一五八五年，罗马迎接了日本的宗教使节。那个时候，几乎有十一个大名——耶稣教徒称他们为“王”，这未必可以说是不当——归依基督教。这些大名中，极有势力者，也有几个。这个新的信仰，又迅速侵入一般人民之间，可以说真的渐渐获得“人望”了。

信长一旦掌握了权柄，他就以种种方法优待了耶稣教徒——信长做梦也没有想要做基督教徒，因此他优待耶稣教徒，并非由于同情，而是因为他以为可以利用他们的势力对抗佛教。和耶稣教徒本身一样，信长为了达到自己的目的，是肯采取任何手段的。他比威廉征服王还要没有慈悲，他当自己的哥哥和舅舅反对他的意志的时候，毫不客气的杀死了他们。信长单从政治上的理由，对外国僧侣加以援助与保护，使他们的势力发展，结果他终于后悔了。古宾斯在其所著《基督教输入中国日本概观》中，由日本书《伊吹艾》引用关于这个问题的一段，颇有兴趣，其文曰：

“信长现在开始后悔准许基督教输入的他以前

> 的政策了。于是他召集群臣道：‘此等布教师，以金钱与人，劝其加入其宗教，此种方法，颇不惬余意。余等倘将南蛮寺（南方野蛮人之寺也，日本人昔时对葡萄牙人之教堂作如是称呼）毁坏则如何。汝等以为何如?’前田德善院回道：‘毁坏南蛮寺，今已不及。今日费力阻止此宗教之势力，犹如力阻大海潮流，徒劳无功。公卿大小诸侯，莫不归依此教。我君今日谋绝此教，乱必起于我君家臣之间。故臣意以为毁坏南蛮寺之图，应予以放弃。’信长于是深悔他过去对基督教的政策，而开始考虑如何方能根绝它了。”

一五八六年，信长被暗杀，此事一说以为由于他延长了容认异教的时期。继承他的丰臣秀吉，断定外国宣教师的势力是危险的，但那时他专心于另外一个大问题，即实现武力的中央集权，以使国内和平。不过耶稣教徒在南方诸国所取的极端褊狭的态度，自己已经制造了许多敌人，这新信仰的残忍行为，使人们发生了报仇心。我们在布教的历史中，看到改依耶教的大名，焚烧数千佛寺，破坏无数艺术作品，以及杀戮佛僧的记录。我们又知道耶稣教派的文人，赞赏这些宗教战争为神圣的热情的证据。最初，这个外来的信仰，只去说服人家。但后来，在信长的奖励下得到权力后，变成强迫凶暴的东西了。对于这个事情，在信长死后约一年，便开始发生了一种反动。一五八七年，秀吉破坏了京都，大阪，堺等处的传道教堂，又将耶稣教徒逐出京都。翌年，他命令他们集中在平户的港口，准备退出日本。但他们自以为势力强大，不必服从这个命令，于是不离开日本，而分散在各邦，投身于许多基督教徒的大名的保护下。秀吉当时也许认为将这事情扩大下去，不是善策。而基督教徒们，也安分守己，不作公开的传教了。他们这样忍耐，一直到一五九一年，是对他们有益的。那一年西班牙的法兰西斯哥派的教徒抵达日本，事情为之一变。这批法兰西斯哥派的教徒，陪同由菲律宾群岛而来的使节抵达日本，以不复布教为条件，获得驻留在日本的许可。不料他们不守诺言，恣意不法，引起了秀吉的愤怒。秀吉乃决心惩戒他们，于是在一五九六年，他将六个法兰西斯哥派的人，三个耶稣教徒，和几个基督教徒，拘禁在长崎，在那里处以磔刑。丰臣秀吉这个对付外来信仰的态度，有了促进反对这个信仰的气运的效果——这个反对，当时已经在各国出现。但是在一五九八年，秀吉一死，耶稣教徒们又抱着有幸运来临的希望了。他的承继者，即冷静深虑的德川家康，使他们抱着希望，甚至于准许他们在京都，大阪，及其他地方恢复传教了。他正在准备关原之战，他知道基督教徒在分裂着，其首领有的是拥护他的人，有的却拥护他的敌人，因此对基督教采取抑压政策，时机尚未成熟。但至一六〇六年，他将自己的权力基础使之巩固后，便发出布告，禁止布教事业继续进行，同时宣言归依外来宗教者，必须放弃其信仰。这样他最初声明断然反对基督教，但布教还是继续进行——最初只有耶稣教派的人传教，后来多密尼克及法兰西斯哥派的人也进行传教了。当时日本国内的基督教徒的人数，虽然是非常夸大的数目，据说将近两百万人。但家康在一六一四年以前，并没有采取任何严重的压迫手段，也不许采取这种手段，但可以说，就从那个时候起开始了大迫害。在这以前，只有各地诸侯的只限于局部地方的迫害，并非中央政府所施行。例如九州的地方性的迫害，是当时权力达于绝顶的耶稣教派的偏心所招致的自然结果。其偏心的事实，就是改宗的大名烧毁佛寺，杀戮佛徒。此等迫害，在佛教因耶稣教徒之煽动而所受迫害最厉害的地方——例如丰后，大村，肥后等处——最为残酷。但一六一四年以来——此时全日本六十四州中，只有八州未受基督教侵入——禁压外来信仰，成为政府之政策，其迫害有组织地不断地进行，基督教的一切表面上的痕迹，终于消失了。

因此布教的命运，被家康及其后继者真正决定了。这是家康特别注意的事情。信长，秀吉及家康，时机虽有快慢之分，但后来都对这个外来的布教怀了疑念，但只有家康一个人具有处理布教所引起社会问题的机会和能力。连秀吉也怕采取广大范围的严格的压制手段，会引起政治上的困难问题。家康也踌躇了许久，其踌躇的原因，当然复杂，主要是外交上的理由。他决不是躁急要实行的人，又决不是为一种偏见而动的人，又在我们所知道的范围内，他又决不是胆小的人。当然，他一定认识了要去绝灭拥有一百万以上——这个数日当然有点夸大——信徒的宗教，决不容易，当然有很大的困难。引起不必要的灾害，这是有反他的性格的事情，他一向富于慈爱，表示他是庶民之友。但同时他是一个经世家，爱国者，这比任何都重要。因此他的主要问题，一定是外来信仰和日本政治社会状态的关系，将来是怎样的。这个问题，需要长期的耐心的调查，而他对于这件事情，好像尽量加以注意。他和他的后继者们，对基督教励行的严重法令——该法规确实维持了二百有余年——未能完全灭绝这个信仰，这个事实证明基督教的信仰如何根深蒂固。表面上，基督教的一切痕迹，从日本人的眼前消灭了，但在一八六五年，长崎附近发现了一种团体，这个团体将罗马教的礼拜仪式的传统秘密保存于其一派之中，关于宗教上的事情，一直使用着葡萄牙语和拉丁语。

若要正当批评家康——最机敏而又有人情的经世家之一——的这个决断，必须从日本人的立场去想使他不得不采取这种行动的根本原因。他一定洞悉耶稣派在日本的阴谋，因为阴谋中危及家康生命者也不少，但他好像与其说考虑了这种阴谋要发生的单纯事实，不如说考虑了这阴谋的最后目的及其实际。宗教性的阴谋，在佛教徒之间，也很平常。这种阴谋妨碍国家的政策或安宁秩序时，固当别论，如非这样，差不多引不起幕府的注意。但宗教阴谋，其目的在颠覆政府，或以一个宗派占有一国，这事倒要严重加以警戒。信长对于这种阴谋的危险，向佛教徒给予了严厉的教训。家康断定耶稣教派的阴谋，具有包藏最大祸心的政治目的。但他比信长更要忍耐。一六〇三年，他将日本诸州完全置于他的威力之下。但从此经过十一年之后，他方才发出了最后的布告。这个布告，坦白说明外国布教者，企图攫取政府，领有日本国：

> 爰吉利支丹[①]之徒党，适来于日本，非啻渡商船而通货财，叩欲弘邪法惑正宗，以改域中政号作己有，是大祸之萌也，不可有不制矣。日本者，神国佛国，而尊神敬佛……彼伴天连[②]徒党，皆反叛政令，嫌疑神道，诽谤正法，残义损善……实神佛敌也，急不禁，后世必有国家之患，殊司号令不制之，却蒙天谴矣。日本国之内，寸土尺地，无所措手足，速扫攘之。强有违命者，可刑罚之。……一天四海宜承知，莫违失矣。（原文）[③]

---

① 吉利支丹，即葡语Chriatao之译音。——译者注

② 伴天连，即葡语Padre之译音，不问宗派，泛指所有罗马旧教之僧侣而言。

③ 右宣言，文颇长，沙多氏之译文载于Transactionn of the Asiatic Society of Japan（《日本亚细亚协会》第六卷第一部）

这文件对基督教徒明确地非难着两点，即在宗教的假面具下横夺政权的阴谋，以及对日本固有的神佛的偏心的排斥。排斥神佛一事，在耶稣教徒自身所写的东西里面有充分的证明。至于揭发其阴谋，稍难证明。但若有机会的话，罗马旧教的诸教团，既能在改信基督教的诸侯领地内管理地方政府，那么将同样企图管理整个中央政府，这是谁都能首肯的。而且发出这个布告时，已经得到种种情报，因此家康一定非常憎恨罗马旧教。——即西班牙的征服美洲，西印度人种灭种的传说，荷兰的迫害，以及其他各处关于宗教裁判的消息，腓力浦二世征服英国的计划，大舰队接连两次失败的消息等，一定都听到的。这个布告在一六一四年发出，而家康早已在一六〇〇年知道了以上两三件事情的机会，即在那年，有一个领港的英国人叫威廉亚丹斯的被人委托一只荷兰船，抵达日本。亚丹斯在一五九八年踏上了这个多事的航海。那年正是西班牙的大舰队最初败北后的十年，第二次舰队全军覆没后的一年。他见过伟大的伊利莎白女王——那时还在世——的全盛时代。他大概看过塞马，特莱克，霍金斯，佛洛比夏，以及一五九一年的英雄格伦维尔爵士等。因为亚丹斯是肯特人，“曾经做过女王陛下的船的船长以及领港的人……”。刚才说过的荷兰商船，一到九州，就被拘留起来，而亚丹斯和他的船员被丰后的大名监禁起来，这件事情呈报到家康那里去了。葡萄牙人的耶稣教徒们看见这些新教徒的船员到日本，认为是重大事件了。因为耶稣教徒有特别的理由，惧怕这些异端者和日本的统治者会见的结果。而家康也偶然重视了这件事情。他下令将亚丹斯押到大阪的他的跟前。关于这件事情，耶稣教徒所怀抱的邪念，未能逃过家康的锐眼。据亚丹斯自己的笔述——亚丹斯决不是说谎的人——他们再三企图杀掉船上的人，他们又在丰后恐吓船员中两个恶棍，叫他们造出伪证[①]。亚丹斯记着："耶稣教徒们和葡萄牙人们，将诽谤我和其他的人的证据呈送给皇帝（指家康而言），说我们是从各国而来的强盗，又说如果让我们活着，一定不利于殿下及国土。"然而家康好像为了耶稣教徒想要除灭他的狠心，反而对亚丹斯方面多抱着好意了。所谓除灭，据亚丹斯说，就以"处以磔刑"，这是"和我国的绞刑一样，是日本刑罚的风习"。亚丹斯说，家康回答他们，即"我们（亚丹斯等）对他和他国中的任何人，都从未加过危害，或损害。因此他杀我们，是违反道理和正义的"……未几，耶稣教徒们最担心的事情发生了——他们用恐吓、谗谤，以及尽其所能的阴谋企图阻止而终于无效的事情——即家康和异端者居然会面了。他记着："这样我一到他（家康）跟前，他就问我，我们是哪一国的人。我便将一

---

① "葡萄牙人每天煽动有司和老百姓，企图使他们的愤怒转向到我的身上来，我们的同伴中，有两个人背叛了我们，跟一个王（大名）去做事情，这是因为葡萄牙人保证了他的生命，因此什么事情都和他们来共谋了。其中一人叫康宁，他的母亲住在密德尔保罗。他又自称为这个船中所有货物的货主。另一个叫奥俄泰。这两个背叛者，为想将货物据为己有，使尽手段，将我们在航海中发生的一切事情告诉给他们。我们到日本后的第九天，这个国的大王（家康）要提我们去见他了。"——亚丹斯致妻书。

切事情告诉给他，因为各国间的战争与和平，他都来质问；但是详细的事情，如果记在这里，恐怕太冗长了。那时我受了很好的待遇，但和我一起来的一个船员和我暂时被监禁了。”我们据亚丹斯的其他的信，知道这次会见一直继续到夜晚，而家康的质问，好像特别有关政治和宗教方面。亚丹斯说：“他问我国有没有进行战争。我便回答正和西班牙及葡萄牙打仗——因为和其他所有的国家都是和平的。他又问我信仰什么。我说相信造了天和地的神。他又问了宗教方面的其他种种事情，以及其他许多事情，例如我通过怎样的路到日本。我因为带着全世界的海图，便告诉他我是通过麦哲伦海峡而来的。他很惊异，不相信我的话。像这样，话一件件的说下去，我在他跟前一直到深更”……这两个人好像一见而互相爱好了。关于家康，亚丹斯特别这样说：“他谛视着我，好像十二分的带着好意。”两天之后，家康又将亚丹斯唤到跟前，详细问他耶稣教徒企图隐瞒的事情。“他问我国和西班牙及葡萄牙的战争，以及其原因。我一一说明给他听，好使他完全能够了解。我自以为他听了很欢喜。末了，他又下令将我监禁起来，但我住的地方，比以前好了”……从此以后，差不多有六个星期之间，亚丹斯没有见到家康。但不久又第三次受了详细的质问。结果，他得到自由，并受恩顾。从此家康时常把他召来谈话。不久，我们听到他“凑合几何学上两三点，数学的理解，以及其他种种事情”来教这大经世家了。家康送他许多的礼物和充分的俸禄，委任他建造两三只航行深海用的船。这个领港，于是变成一个武士，而有所领了。他这样写着："因为被皇帝任用，他对我像英格兰的贵族一样，授我以禄，并加上八九十个农夫，这可以说是我的奴隶或佣人。这样的事情，或同样的先例，在这个国家从来没有给予过任何外国人。"……亚丹斯所受家康信任之厚，看英国商会柯克的通讯，可以证明。柯克在一六一四年写信回国，说到亚丹斯："说实在话，皇帝是很尊重他的。他随时都可以去参谒，当诸王及诸公子退座的时候，也可以和他谈话。"英国人所以能够在平户建设商会，是为了这个信任[①]。在第十七世纪的故事中，没有再比这个白面英国领港的故事珍奇的了。他除了没有矫饰的诚实和常识之外，再没有可以帮助他的东西。而他却从日本所有统治者中最伟大而又最机敏的人，受了如许格外优渥的待遇。不过亚丹斯终于没有被允许回到英国。这大概是因为他的服务，被认为是再贵重也没有吧。他自己在信里说，家康对于他的请求，什么都决不拒绝，只有回国的特权，不得准许。他频频请求得过于噜苏时，这个"老皇帝"沉默起来，什么都不讲了[②]。

---

① "由于上帝的圣意，发生了世上的人一定会觉得奇怪的事情。西班牙和葡萄牙原来是我的不共戴天的恶敌，但现在他们要来求我这个卑贱而可怜的人了。西班牙也好，葡萄牙也好，他们的一切交涉，都要通过我去办理才行"——一六一三年一月十二日亚丹斯的信。

② 他对阴谋杀他的人也是宽大的。亚丹斯这样说："我中了他的意，我说的话，他什么都不反对。我从前的敌人都觉得奇怪。现在，他们要来恳求我将我给予西班牙人和葡萄牙人的友谊，同样地给予他们，这就是以善报恶。我这样过日子，起初很感觉到困难，但上帝来报答我的辛苦了。"

亚丹斯的通讯，证明家康为了得到外国宗教及政治情形的直接知识，是不辞任何方法的。至于日本国内的事情，他能够将差不多古来最完全的秘密制度自由自在地应用。事实上，他那时发生的一切事情，他都知道。而他为了发出他的布告，等了十四年，已如上述。秀吉的布告，事实上在一六〇六年给他复活了。而这是特与基督教的公开传教有关的。只要传道师们表面上服从他的法律，他就让他们留在自己的领地内。他处虽有迫害发生，但同时秘密的布教也在进行，传道师们还能抱着希望。不过像暴风雨前的寂静一样，总觉得有威胁存在。船长沙利斯在一六一三年从日本寄信来，记着极暗示的伤感的一件事情。他说："我准许许多比较上流的妇人进我的船室来。那室中有一张维纳斯带着小邱比德的画的大框子，有点懒散地挂着。他们以为这是马利亚和他的儿子，跪在地上，恭恭敬敬地礼拜它。并向我，怕给人听见似地，低声说道：我们是基督教徒。我们因此知道她们是给葡萄牙的耶稣派改宗的基督教徒。"……据亚丹斯的通讯，家康最初采取强压手段的时候，其对象并不是耶稣派，而是更无法的某一个教团。他说："一六一二年，法兰西斯哥派的所有教派受弹压了。耶稣教派有着特权……因为他们在长崎。只有这个长崎，是一切教派可以自由行动的地方，其他地方并没有这样的许可……"罗马旧教在这个法兰西斯哥派的事件后，再得到了两年的恩典。

家康为什么在其遗训及其他地方将这宗教称为"虚伪腐

败的宗教”，这是值得一想的。从远东的立场来看，经过公平的调查后，他不能不这样断定。这个宗教和建立日本社会之基础的一切信仰与传统，是根本反对的。日本国家是仰奉现人神天皇的宗教团体的集合。所有这些团体的习惯，具有宗教法律的力量，所谓伦理，就是服从习惯，所谓孝，是社会秩序的基础，而忠义观念本身，也出自孝道。但这西欧的信条，却教大夫离去其双亲而就其妻，仔细的看，认为孝道是劣等的道德。据其所宣言，对于两亲、主人、统治者的义务，只在其行动不违反罗马教义的范围内，是可以允许的义务，至于从顺的最高义务，不是对住在京都的天子，而是对罗马的法王。神佛两者，从葡萄牙及西班牙而来的传道师们没有呼为恶魔吗?这样的教义，他们无论怎样巧妙地加以辩解说明，的确是搅乱国家的东西。而且作为社会力量的信仰的价值，必须从其成绩加以判断。可是在欧洲的这个信仰，是扰乱、战乱、迫害、残酷的蛮行的不断的原因。其在日本，这个信仰也酿成大动乱，煽动政治阴谋，而引起了不可量计的灾害。将来发生政治混乱的时候，一定会认为子不从顺于父母，妻不从顺于夫，臣不从顺于领主，领主不从顺于将军为正当。政府的最高义务，现在是强制社会秩序，维持和平与安全之状态。真的，如果没有这个和平与安全的状态，国家决不能从长年斗争的疲弊中恢复过来。但在这外来的宗教，攻击秩序的基础，而专心于颠覆它的时候，决不能有什么和平可言。家康发出他那著名布告的时候，他心中一定已经有了这

样的确信。我们只奇怪他为什么等了这么许多时候吧了。

家康这个人是什么事都不肯中途马虎了事的人，因此他在等待基督教中没有了能干的日本人指挥者，这是很可能的。一六一一年，他收到基督教徒在佐度的岛（给囚人工作的矿山）阴图不轨的报告。这个岛的支配者，叫做大久保的人，被诱惑而信仰基督教，如果这个计划成功的话，便预定由他做日本的统治者。但家康还是等待机会。到了一六一四年，基督教已经失去了希望，连指挥者大久保也没有了。在十六世纪改宗的大名，或已死亡，或被没收领地，或被放逐。基督教徒的有力的武将们，也被处刑了。主要的基督教徒中，其硕果仅存者，也有人监视，实际上无所措其手足。

外国宣教师和日本传道帅，在一六一四年宣言之后，也没有受到残酷的迫害。他们之中，约有三百人，坐船送到外国去了。其中也有政治宗教阴谋嫌疑的许多日本人。例如被耶稣教派的文人称为“Ukondono”的，过去明石的大名高山石近，也是其中的一个。他以前也因为同样的理由，被丰臣秀吉没收其土地，革去其官职。家康不采取不必要的严罚主义。不过他采取比较这严厉的手段，就一六一五年发生事件之后——就在发出那张布告后的一年。秀吉将其子托给保护的家康，代秀赖而取得天下——这对日本却是好的。家康尽其所能照顾秀赖，但要将日本的政权交给他的心思，家康倒丝毫也没有——因为这决不是二十三岁的年轻人所能负荷的事情。虽有种种据说秀赖也有关系的政治阴谋，家康还是将许多的岁入和日本最坚强的城，即秀吉的天才造成了固若金汤的堂堂的大阪城，交给秀赖，秀赖不似其父，爱耶稣教徒，使大阪城变成这个“虚伪腐败的宗派”的信徒的避难所。家康既接到政府的间谍的报告，说大阪城内正在计划阴谋，他便决心予以一击，而他真的发动严厉的攻击了。据守大阪城者，虽作殊死战，但终于不支，秀赖在火中自杀。据说这次攻城，牺牲了十万生命。亚丹斯对于秀赖的命运和他谋反的结果，这样记着：

> “他和皇帝战争了……耶稣教徒们和法兰西斯哥教派的教团僧侣们，使秀赖相信必定会得到奇迹和不可思议的恩惠，而参加战争了。但结果，适得其反。因为老皇帝立刻从海陆两方准备重兵，将他们所住的城包围起来。敌我双方虽有莫大的损失，但最后城墙还是被攻破，城上着火，将他烧死在火中了。战争于是告终。可是皇帝听说耶稣教徒和法兰西斯哥派的人，和他的敌人在一起，现在还是时常反抗他，于是下令所有罗马教徒退出国外。教堂被破坏，被烧毁了。此事在老皇帝健在时，继续执行。可是今年，即一六一六年，老皇帝死了。他的儿子代行统治，却比父亲还要猛烈地反对着罗马的宗教。他禁止在他所有的领土内，其臣民一个人也不许成为罗马派的基督教徒，凡有违者，处以死

刑。他为尽量防备这罗马教的宗派，禁止任何异国商人逗留在大都市里。”

这里所谓儿子，就是秀忠。秀忠在一六一七年发出命令，规定罗马教的宣教师，倘在日本发现，即处以死刑。这个命令，是因为有许多被逐出日本的宣教师秘密回来，以及其他宣教师仍旧潜伏在日本布教的事实，所以发出的。于是在帝国内所有市镇村，到处采取了绝灭罗马派基督教的手段。任何团体，其中倘有外来宗教的信徒，便要负责任[①]。政府又任命特别的官吏，即叫做切友丹奉行的法官，搜索这被禁宗教的信徒，而加以处罚。立刻转变的基督教徒，不受罚，只受监视，但受拷打而仍拒绝转变者，有的黜为奴隶，有的被处死刑。有的地方发生非常残忍的事情，各种各样的刑罚，用来强迫转变。不过特别残酷的迫害，是由于地方官吏个人的残暴性格，这倒是真的。例如竹中采女守一样，他在长崎滥用权势，以迫害为勒索金钱的手段，终于被政府命令切腹了。但总之，这种迫害终于成为有马大名领内基督教徒叛乱的原因或其助力。这在历史上就是所谓岛原之乱。一六三六年，归依基督教的一群农夫，迫于领主有马及唐津的大名的暴政，绝望之余，执戈而起，将近邻佛寺悉数烧毁，宣布了宗教战争。他们旗上有十字架，其指挥者是归依

① 此等布告，不以新教徒之基督教为对象，此点须加以记忆。荷兰人在此布告中，不认为基督教徒。英国人亦然。

基督教的武士。基督教的避难者，从日本各地悉来参加，遂达三万至四万之众。他们在岛原半岛的沿岸，占领没有城主的城，婴城固守。地方官宪，敌不过这个暴动，而叛逆者不特自行防守，其势益盛，于是十六万以上的幕府兵力，终于送出来了。经过一百〇二天勇敢防战之后，其城于一六三八年被袭击，防御者及其妻子，一并消灭在锋镝之下了。在公的方面，这个事件被当做农民暴动。被认为对此事有责任的人，受了严罚，岛原（有马）的领主，受命切腹。日本的历史家们，记述此事，说这个暴动是最初由基督教徒来计划指导，他们基督教徒企图占领长崎，征服九州，求外国武力援助，以发动政变。耶稣派的文人，则企图使我们相信其中并无任何阴谋。但总之，有一件事情是确实的，即以基督教徒为站脚台，计划了大革命，而基督教徒也附和起来，产生了可怕的结果。九州沿岸一座坚固的城，由三四万人来固守，此事便会招致重大的危险。这是有利的一点，西班牙企图由这一点侵入日本，而且是也许会得到多少成功的地点。幕府大概是认识了这个危险，因此派遣了压倒的兵力到岛原。如果这个叛乱得到了外国的援助，也许变成为长期的内乱了。大规模的杀戮，不过表示励行了日本的法律，至于对领主发起叛乱的百姓之罚，无论情形如何，总是死刑。再关于这种残杀政策，我们可以记得那个织田信长，为了比这小的理由，绝灭了比睿山的天台宗徒。我们可怜那在岛原死亡的勇士，同情他们对统治者的暴虐发起叛乱，固然很有理由，不过作为一个公正的事实，从日本的政治立场去考虑整个事件，是必要的。

荷兰因以船舶大炮援助抑平叛乱，致受非难。或谓彼等擅将四百二十六发大炮开入城内。但现存平户荷兰商会之信件，则证明彼等系受威吓不得已而出此行动。总之，吾人对彼等之行动，单由宗教立场加以责难，固欠正当——纵使该行动由人道立场言之，亦颇足以非难。盖叛徒之大部分，其所信仰之宗教，正系将荷兰男女视为异端而活活焚杀之宗教也，故欲拒绝援助正行镇压此叛乱之日本官宪，自属不可能。此等荷兰人之亲属，说不定曾遭彼西班牙猛将亚尔法之残杀，故上述炮击，或以此为原因也。倘葡萄牙人及西班牙人攫取日本政府成功，则在日本之英荷国人，将遭遇何等命运，自不待言而明矣。

葡萄牙及西班牙之布教，其实际历史，以岛原之虐杀而告终。此事件后，基督教乃徐徐而又确实被踏碎，表面上失其存在了，基督教王被容许或默认，仅六十五年之间，其传播及崩溃之全史，殆达九十年。几乎包括一切阶级之人，上自王侯，下至于庶民，莫不蒙其苦难，数千人民甚至受其酷刑。拷问的可怕，连那恣行残杀许多人民的耶稣教徒，亦不堪其苦，其中遂有三人不得不否认其信仰，[①]其残酷可想而

① 即卡梭拉，马尔克耶兹，基阿拉三人。其中两人——大概受强迫——与日本女人结婚。关于他们其后的故事，请参阅《日本亚细亚协会》所载‘Transaction of the Asiatic Society of Japan’沙多氏之译文。

知。至于纤弱的女人，则被宣告火刑，与其呼求救释子女及自己，宁肯抱幼儿而投诸火中者也有。但是牺牲了数千生命的这个宗教，除了灾难以外，什么都没有送给日本。它只引起了骚乱、迫害、叛乱、政治难局以及战争等。为保护及维持社会，付非常之高价而发达之国民美德，如克己、信仰、忠诚、不屈之精神与勇气，亦为罗马教之黑暗信仰所扰乱，迷误其方向，而成为破坏其社会之力量。如果破坏成功，而新罗马旧教之帝国建立在废墟之上，则其国民之美德，益将消耗于宣教师之暴政，宗教裁判制度之扩大，及永久向良心之自由及人类之进步挑战的耶稣派的斗争了。吾人应怜悯这无慈悲的信仰的牺牲者，称赞他们无用的勇气，但谁将他们的主义归于失败认为遗憾呢？从宗教的偏心以外的立场来看，单由其结果来判断，企图使日本基督教化的耶稣派的努力，不能不认为是只能和违反人道的罪恶，荒废的恶业，地震，海啸，火山爆发等——由其所引起的不幸与破坏的。

德川秀忠采取了锁国政策，而其后继者又加以维持，这点充分表示宗教阴谋的恐怖。除了荷兰商人以外，所有外国人被逐出这个国家，甚至于葡萄牙和西班牙人的混血儿，也被逐出，日本的家族被严禁将他们收为义子，或隐藏起来，如有违背者，一族悉受处罚。一六三六年，有二百八十七个混血儿，被送到澳门去。他们特别怕混血儿的通译能力，这固然有理，但这命令公布出来的时候，人种上的憎恶感情，因宗教上的敌忾心而大大的发生，这也殆无可疑。岛原事件后，所有西欧人，悉被视以疑惑之念。[①]葡萄牙和西班牙的商人们，被荷兰人代替了（英国的商馆，数年前已经被封锁）。但荷兰人也非常受警戒。他们被迫抛弃平户的风景幽雅的地方，而将其商馆搬到出岛上——出岛是仅仅长六百尺，宽二百四十尺的小岛。他们在那里像囚人一样不断地被监视着。他们不许出入民间。无论什么人，倘无许可，也不能去访问他们。除妓女以外，任何女人，无论有什么事情，也不能跑到他们居住的地方。但他们却独占了这个国家的贸易。荷兰人的忍耐力，在二百有余年之间，为了营利，忍受了这样的状态。日本和其他各国间的贸易，除由荷兰商馆和中国人所维持者以外，完全被禁止了。任何日本人，离开日本，就是死罪。偷偷出去的人，一回国，就被处以死刑。这个法律的目的，是在防止那些被耶稣教派送到国外受传教训练的日本人，装着普通的人回国来。可以长途航海的船，也被禁止建造。超过幕府所规定的大小的船，悉被破坏。沿岸设了眺望台，监视异国的船。除了荷兰商馆的船以外，任何企图入日本港的船，都被袭击而破坏。

葡萄牙人的传教最初所得到的大成功，尚有必须加以研究的地方。我们对于日本的社会史，现在还是比较上不详细，因此欲完全了解基督教徒的故事，并不容易。耶稣教派传道的记录是很多的，但同时代的日本年代纪给予我们关于这个传道的知识，倒很缺乏——这大概是因为十七世纪中发

① 但中国商人较荷兰人更自由。

出了一种布告，不独禁止了关于基督教的一切书籍，连里面有基督教徒或外国字句等的书籍，也在禁止之例。这里有耶稣教徒的书没有说明的一桩事情，这事如果可能的话，宁希望日本的历史家来加以说明，这个问题就是日本的社会既然建设在礼拜祖先的基础上，而对外来的侵入具有巨大的抵抗力，何以这样急速地被耶稣教派的势力侵入，甚至于一部分竟因此而瓦解了。在一切疑问之中，我希望能举出日本方面的证据而答复我的疑问是这样：传道师们将祖先的祭祀，妨碍到什么程度?这是重要的问题。在中国，传教师们早就知道了妨碍改宗的抵抗力，就是祖先礼拜。他们很聪明地默认了这桩事情，从前佛僧大概也不得不这样。假使法王权支持了他们的方策，那么耶稣教派一定使中国的历史为之一变了。但因其他宗教团猛烈反对这个妥协的缘故，失掉了机会。因此在日本，祖先的祭祀，给葡萄牙的传道师们默认到什么程度，这从社会学上的研究看来，是很有兴趣的。最高的祭祀，当然由于明白的理由，让它照样存在。一家的祭祀，在当时，和今日一样，没有受新教和罗马旧教的传道师们不断地猛烈地攻击。我们很难想象，改依基督教的人，被迫弃掉或破坏了祖先的神牌。但在另一方面，一般更贫穷的改宗者——如佣人及其他一般庶民——其中多数有没有一家祖先的祭祀，这一点，我们现在还有疑问。没有户籍的人，改依基督教者甚多，但他们倒不必放在这里面考虑。若要公平判断这个问题，关于十六世纪时平民的状态，还有许多事情必须知道。总之，不论其所取的方法如何，初期的传道，其成功颇足惊人。他们的传道事业，为了日本社会组织的特殊性质，有从上层阶级开始的必要。臣下得到其领主的许可，始能改变其信仰。不料这个许可，最初就很自由，有的地方，公然告示人民采取其新宗教，是他们的自由。有的地方，改宗的领主命令百姓改依新宗教。也许这个外国宗教起初被误认为是一种新的佛教。一五五二年，颁给葡萄牙布教团的，现在还留着的山口地方的许可书中，明明记着他们准许异国人们讲“佛法”（其许可的场所，有一所叫大道寺的寺院也在其内)。原文有沙多爵士的翻译。

如果这个错误（或欺瞒）能在山口县发生，那么其他地方当然也能发生，这点不难想象。表面上，罗马教的仪式，和普通所行佛教的仪式相似。人们看见他们的勤行，数珠，跪拜礼，立像、梵钟、香等的形式，觉得这些是自己日常看惯的东西。处女和圣徒们，看上去很像背着后光的菩萨和佛陀，天使和恶魔好像就是天人与恶鬼。佛法的仪式中曾经使一般民众欢喜过的一切东西，以些许不同的形式，交给耶稣教派，给他们用作教会和礼拜堂，而在其神圣的寺院中看见了那些东西。这两个信仰根本上的相异，凡眼未能认识，但表面上的类似，倒很快的给他们认识了。此外还有两三个吸引人心的新奇花样。例如耶稣教徒们，为了吸引人家的注意，时常演奇迹戏(Miracle play）给人看。不过这一切令人悦目的东西，以及和佛教外观上的类似，只不过帮助了这个新宗教的传播，而未足以说明其布教急速的进步。

强迫信教，这倒也许对布教有过几分帮助——如改依基督教的大名强迫其臣下信教。地方民众，因受强迫，追从了改宗的领主的宗教。而几百——也许是几千个人，单为了忠义的习惯，而做了同样事情。因此耶稣教派究竟用什么方法使大名归依他们的宗教，这倒很有考究的价值。帮助传教的一大力量，我们知道是葡萄牙的商业——特别是大炮和弹药的交易。丰臣秀吉未获权力之前，当国情骚乱的时候，这个买卖可以说是向地方领主作宗教上的协商的有力的贿赂。有大炮的大名，当然比较没有这种武器的大名，竞争时居几分有利的地位，因此能够独占这个买卖的领主，便陷近邻诸侯于不利，而得以扩张了自己的权力。于是为了获得布教的特权，实际上提供了这个买卖，有时更要求超过特权的事情，而达到了目的。一五七二年，葡萄牙人甚至于要求整个长崎市，作为给教会的礼物。他们的要求，连市上的司法权也在其内，同时谓若被拒绝，则在他处造根据地，如此加以威胁。大名大村，最初表示反对，后来终于让步了。长崎于是变成了基督教徒的领地，而直接受教会支配了。这么一来，牧师们立刻开始迫害当地的宗教，而表现了他们自己的信仰的特色。他们放火烧毁佛寺与神社，而说这个火灾是“神怒”。此事以后，改宗教烧了长崎市及附近约八十个寺庙。佛教在长崎领地内整个的消灭了——其僧侣受迫害而被逐出。在丰后地方，耶稣教派迫害佛教，尤为猛烈，其规模更大。支配当地的大名大友宗麟宗近，不独将其领土内的佛寺，悉加破坏，（据传其数达三千）而且杀害了许多佛僧。彦山的僧侣们，据说曾经祈愿暴君宗麟之死，而宗麟为了破坏这个山的大伽蓝，据说恶意地选了（一五七六年）四月八日——这天是佛陀诞生的祭日。

领主在惯于无条件服从的人民上加以强迫，这事大概足以说明几分传道成功的第一步。但还有许多难以说明的事情，例如后来秘密传教的成功。改宗者在迫害下所表示的热情与勇气，以及保守祭祖的人们，长久对反对的信仰的发展保持冷静态度的原因等。基督教最初开始普遍在罗马帝国内扩张的时候，祖先的宗教早已灭亡，社会的构造已失其原形，实际上可以有效地抵抗基督教的任何宗教上的保守主义也没有。但在十六世纪和十七世纪的日本，祖先的宗教正在强力地活跃着，社会不过刚刚踏入了不完全的完成的第二期。改信耶稣教的人，并不是失去了过去的信仰的人，而其改信，是在世界中最深刻地属于宗教以及保守性的社会中实行的。走入这种社会的基督教，不问其种类为何，不会不使其社会构造崩溃——至少要使局部地方崩溃。这样的崩溃，如何扩大，如何彻底，我们无从知道。同时遭遇这种危险时，本来的宗教本能的长时间的堕性，究竟怎样了?关于这一点，我们也没有适当的说明。

但历史上的事实中，可以作这个问题的参考的，倒有若干。给利基奠定了基础的，在中国的耶稣教派的政策，是让改信基督教者自由祭祀其祖先。这个政策继续维持之间，传道也隆盛。但因这样妥协的结果，而发生不和的时候，事件便呈报到罗马去了。法王因诺巽十世，一六四五年下令决定禁止异说。结果耶稣教派的传道，实际上在中国消灭了。法王因诺巽的决定，翌年由法亚力山大八世下令取消。但关于祭祖的问题，反复发生争论，终于在一六九三年由法王克莱门九世断然禁止改宗者举行任何形式的祭祖，此后在远东的一切传道的努力，归于泡影。其社会上的理由是明显的。

我们知道了在中国的教派，在一六四五年以前，默认了祖先的祭祀，因此其传教当时也很有希望，那么在日本，在十六世纪后半之间，也许采取了和中国一样的默认政策。日本的传道始于一五四九年，其历史以一六三八年的岛原残杀告终——这是法王第一次禁止默认祖先礼拜的约七年前。耶稣教派的传道事业，虽遭遇种种反对，仍能着实趋于隆盛，但不久为浅虑而偏心的热狂者所妨碍。本来根据一五八五年格来哥利十三世所公布而在一六〇〇年由克莱门三世所确定的告谕，公认只许耶稣教传道，但这个特权，因法兰西斯哥派过于热心而受漠视，于是开始与日本政府之间发生纠葛。上面已经说过，一五九六年丰臣秀吉处死了六个法兰西斯哥派的宣教师。此后在一六〇八年，保罗五世下谕准许罗马旧教的所有教团的传道师在日本，此事恐怕就成为耶稣教派破灭的根基。值得记忆的是，德川家康在一六一二年镇压过法兰西斯哥派，——此事证明法兰西斯哥派虽受秀吉的教训，还是毫不介意。原来多密尼克教派和法兰西斯哥教派，对那耶稣教派（前两者认后者为卑怯而加以排斥）聪明地不伸手进去的事情，贸然伸手进去，结果提早了传道事业不可避免的破灭。

十六世纪之初，日本是否有百万个基督教信徒，此点我们当然甚抱怀疑，似乎六十万是事实。在信教自由的现代，所有外国传道师的团体，总其努力，年年消费莫大的金钱，以维持其事业，但据可靠的计算，他们所得的成功，仅有以前葡萄牙传道师所称他们所获成功的五分之一。十六世纪的耶稣教派，果然能利用了许多领主，极有力的强迫当地所有人民信教，但近代的传道，有着比那可疑的强制力远较有力的教育上，财政上，以及立法上的长处。但其所获，何以如此之小，当须加以说明。这个说明是容易的。因为不必要地攻击祖先的祭祀，就是攻击社会的组织。而日本的社会，其伦理的根据倘遇攻击，即本能地加以反抗。因为我们想象日本的社会当时已经达到纪元第二或第三世纪的罗马那样的状态，亦属错误。我们反可以说这个日本社会，其状态与基督诞生前数世纪前的希腊罗马的社会状态相似。铁路，电报，正确的近代武器，以及各种近代应用方面科学的输入，未能改变事物的根本秩序。表面上的事物，正在急速进行，而新的构造，正在完成。但社会状态还是止于南欧基督教输入以前很远的状态。

各种宗教，都保有多少不朽的真理，但进化论者必须将宗教加以分类。进化论者不得不将一神教的信仰认为是人类思想的进步上，远较多神教进步的东西。所谓一神教是将信仰无数的灵的许多信仰融合扩大为一个不可见的全能者的广大思想的东西。从心理学的进化论的立场来说，则又不得不认为泛神教比一神教进步，而不可知论又较一神泛神两者进步。但信仰的价值，当然是相对的，而其价值如何，不决定于其信仰如何能适应少数有教养的人，而决定于其信仰对全社会在情操上有多大的关系。（大体信仰是社会的道德经验的具体化者）信仰对于别的社会的价值，当然视其对于社会的伦理体验的适应能力而定。我们可以承认罗马旧教，在它想到唯一的神这一点上，比较原始性的祖先礼拜进步一点。但这罗马旧教只能适应于中国或日本所未到达的社会状态。这个社会状态，乃指古代的家族已经分解、孝道的宗教已经被忘却的社会。印度的宗教远较巧妙，而且有不可比拟的人情味。佛教在耶稣教派的创建者罗约拉之前一千年时，早已获得了传道上的秘诀，而耶稣教派的宗教，却不知道如何适应日本的社会状态。为了不能适应的事实，传道的命运早已决定了。他们所做的禁止异说，阴谋，野蛮的迫害等——耶稣教徒的一切欺骗与残忍——这些只能说是他们不能适应的证据吧。同时德川家康及其后继者所采取的抑压政策，从社会学上来看，这不过为了认识了国家的最大危险罢了。即他们认识了外国宗教的胜利，包藏着社会的整个崩溃，以及帝国屈服于外国势力。至少美术家和社会学者，不会将这传道的失败认为憾事。他们传道的失败，使日本的社会得以将其型发展到极致，而近代人的眼睛得以看到日本美术的惊人世界，同时传统，信仰，及习惯的更惊人的世界，也得以保存。如果罗马旧教得到胜利的话，一定消灭了这些东西。美术家们对传道师的反抗心，只看传道师总是不客气的破坏者，而又不得不破坏的事实，那么他们之所以反抗，极属当然。无论在什么地方，大凡美术的发达，总是以某种形态与宗教有关系。而民族的美术，既然反映着民族的信仰，然则这美术由其信仰之敌看来，当然是可憎的。起源于佛教的日本美术，是特别有宗教上的暗示的美术——不单是绘图雕刻，对装饰及其他所有美的趣味的产物，也可以这样说。日本人喜悦树木，花卉，庭园之心，乃至爱好自然及自然之声的心——要之在一切生命里面的诗情，也多少有宗教的感情。耶稣教徒及其同盟者，毫不踌躇地欲将这些感情，消灭净尽，纤毫不留，这殆可认为是确实的。即使那些教徒了解而感得了这个特殊的美的世界的意义——不能再度反复的民族体验的结果——他们一定也片时不踌躇地实行了消灭工作。现在那个惊人的美的世界，正在不可挽回地给西洋的产业主义破坏着。不过产业上的影响，虽然是无慈悲的，但并不急速，而其破坏也不会那样猛烈地急速地进行，所以那个美渐渐变淡薄的故事，将会留于记录，而有所裨益于将来的文化吧。

神道的复活

考察德川幕府逐渐式微的诸原因，则与德川以前各代幕府衰微的原因很有相似之处。日本民族在德川幕府的长久承平时代之间堕落，而历代代替了幕府的强力建设者的人们，也逐渐流于纤弱无力。但因家康缜密草案，而家光益使之完成的行政机构，颇能巧妙运用之故，未有外患助其破灭之前，在一击之下打倒幕府的机会，任何敌人也没有抓住。幕府的最危险的敌人是萨摩，长州二大藩，家康未能将他们的势力削弱到某种程度以上。若要消灭此二藩，其危险似乎十分重大。而一方面这两藩的同盟，当时一时为政治上的重要事情。他在这两个强大同盟国之间置了一个可靠的大名，以保势力的安全的平衡——所谓可靠，第一基于利害，第二基于亲族关系。但他一直感觉幕府的危险，或许会由萨长而来。他因此慎重对子孙留下遗训，如何应付或将成为事实的这种敌人的政策。他知道自己的工作并不完全——其行政机构中某部分与远离之其他部分，尚未调整良好。他因为社会组织的材料尚未十分发展，亦未整顿，故虽欲使行政机构完全而又永久巩固，但未能做得更好。若要成就这个事情，必须废除诸藩，但家康在这种情形之下，在其先见之明所许范围内，尽其最善，而关于这良好的行政机构的弱点，比家康自己看破得更清楚的，并无其人。

二百余年之间，萨长二藩，心虽不愿，不得已服从德川的统治，此外亦有数藩，希冀一朝有机会，即与萨长结盟。他们不甘居幕府的下风，而受其支配，窥伺机会，以冀脱离其羁绊。而不知不觉间，机会慢慢给他们造成了——这并不是由于什么政治上的变化，而是由于日本文学家孜孜不倦的劳力结果。这些文学家中之三人——日本所产生的最大学者——借其知性的劳作，特别准备了废止幕府的路程。他们是神道学者。他们代表着日本人对外来思想与外来宗教的长久的感化——即对中国的文学，哲学及官僚主义——又对佛教给予教育的大影响——的固有的保守精神的当然的反动。他们采取了日本古来的文学，古代的诗歌，古代的祭祀，以及神道初期的传统与仪式，以与上述一切对立。这三个著名人物是加茂真渊（一六九七——一七六九），本居宣长（一七三〇——一八〇一）及平田笃胤（一七七六——一八四三）。他们努力的结果，产生了佛教的颠覆及一八七一年神道的大复活。

这些学者们所行的知性的革命，大概只能在长久的太平时期准备，而又只能由那些受统治阶级保护及爱护的人们来准备。神道学者所以能完成这个事业，是偶然由于奖励并援助文学的德川家康自己。家康爱好学问，后隐退于静冈，专以搜集古书及写本以送其余年。他将其国学书遗给第八子尾张侯，汉籍遗与另一子纪州侯。尾张侯曾经编过几本关于日本古代文学的书。家康的子孙继承了他爱好文学的性质，其孙之一，即第二世水户公光圀（一六二二——一七〇〇），得各种学者之助，编纂了《大日本史》二百四十卷。这是日本最初的重要历史。他又编了一本关于宫廷的仪式典礼的书，都五百卷。他每年从自己的岁入扣除约值三万磅的金钱，充作这个大作的出版费。新的文学家便受了这种群书搜集家的大诸侯的恩顾而抬头起来，但这些人是离开中国文学而立志研究日本古典的人。他们再版了古代的诗集，年代记等，加以丰富的注释，复刊了神圣的古典。他们著作了关于宗教，历史，及言语诸问题的书籍全部，编纂了文法，辞典，写了关于作歌法，关于通俗的误谬，关于神的性质，关于政治，以及关于古代风俗习惯的论文。这个新学问的基础，是神道的神官荷田春满及真渊所建筑的。

拥护学问的贵族们，做梦也没有想到他们自己所奖励的这种研究，会引起怎样的结果，不过人们研究古代记录，日本文学以及古代政治宗教状态的结果，他们自己又重新去思想一直几乎完全压倒了本来的国学的外国文学所给予的影响的历史，以及压倒了祖先诸神之宗教的外国信仰的历史了——中国的伦理，中国的仪式，以及中国的佛教，陷古代的信仰为次要的信仰了。同时幕府虽真的确立了和平，造成了繁荣的基础，但又被人知道这是篡夺皇室的权利而来的。这一切事情，的确是错误的。唯有奉天皇于古来的位置，而贬将军写于他们本来的从属状态，始能得到国民的祝福。

这一切事情，被人想到，被人感觉到，而且强有力地暗示出来了。但这一切并不是公然说出来的。公言武力政治为篡夺，将有灭身之祸。神道的学者们实际上接近到危险地步，但他们只在认为当局及时势许可的范围内行动过罢了。但十八世纪之末出现了强力的一派，唱道以国法复活古代宗教，唱道王政复古，又说武权之根绝，虽无希望，但至少要加以抑压。然而幕府感到恐慌，将大学者笃胤逐出首都，禁止他继续著作，这样暴露了不安的时候，已经是一八四一年了。未几，笃胤去世。但他能够在四十年间唱道己说，刊行的著作达数百卷。奉他为最后一个而且是最大神学者的一派，已经对民众给予了很大的影响。不甘屈服的萨长土肥的大名们，正在窥伺机会。他们认识了这个新思想的价值，有助于自己的政策，乃奖励新神道主义。他们觉得脱离德川的支配的时机来临了。而他们的机会，终因柏利舰队的来航而到来了。

当时的事件，大家都很知道，此处无须赘述。幕府狼狈起来，被迫与美国及其他诸强国之间开始通商而不得已开港之后，国中发生非常的不满，而敌视幕府者，尽力去煽动了国民，我们这样说就够了。不久幕府相当详细地知悉了西洋诸国的实力，觉悟不能抵抗这些国家的侵入了。朝廷是不知道的，但幕府当然也怕将外国情形报告给朝廷。承认不能抵抗西洋的侵略，大概就要招致德川家的灭亡。但另一方面，如果去抵抗的话，将会招致帝国的灭亡。此时幕府的敌人，便向朝廷请愿下攘夷之令。而这个命令——我们要记得这是从绝对权威之源降下的，根本是一个宗教性的命令——便陷幕府于极端左右为难的地步。幕府乃企图用政策来完成武力所未能完成的事情。但正当幕府商议外国居民撤退的时候，因长州公开炮轰击了许多外国船，事态于是急转直下，而陷于危机。这个行动引起了炮击下关及三百万元的赔偿问题。将军家茂欲惩罚这个敌对行为，企图征讨长州公。但这个企图结果只暴露了幕府的无力。家茂于战败后不久逝世，他的后继者一桥卿，做什么事的机会也没有得到——因为幕府的无力，既已明显，敌幕便乘势图谋倒幕了。敌人请愿政府废止幕府，于是幕府便因法令而废除了。一桥卿服从了这个命令，德川一代于是告终。幕臣中忠于幕府的人们，企图幕府再兴，和究竟不敌的优势对抗，尔后战了两年。一八六七年，整个行政重新组织起来，文武的最大权复归于御门。此后神道的祭祀，立刻以官令复归于最初的单纯，宣言为国教，佛教则被褫夺了扶持。帝国古代的制度，于是重新被建设起来，学者们所希望的，似乎都已经实现了——但这里有一点并不如此。

我要说的是，这些学者之中，有一派人想极端地走得比真渊、宣长所曾梦想者更远。后来的这些人，不满足于幕府的废止，王政的复古，以及祭祖的复活。他们要一切社会复归于太古的单纯质朴，希望避免一切外国的影响，希望国定的仪式，将来的教育，将来的文学，伦理，法律等，一切成为纯粹日本的东西。他们不满足于仅仅去褫去佛教的扶持，更为完全抑压佛教，拿出强硬的提案。这些只能说是表现着要将社会退步到野蛮状态的方法的思想。真渊和宣长决没有提议废弃佛教和所有汉学。他们不过主张先重视古来的宗教与文化罢了。而新国学者们所希望的，等于破坏一千年来的经验。幸而推翻了幕府的藩士们，对于过去和未来，另有一种见解。他们觉悟了国家濒于危机。又觉悟了抵抗外国的压迫，究竟没有希望。萨摩在一八六三年其鹿儿岛遭炮击，长州在一八六四年其下关亦遭炮击。可以抵抗西洋武力的唯一方法，是不惮烦地去研究西洋的科学，这是很明显的，若要帝国强大，必须采取西洋的长处。一八七一年（明治四年）藩被废，一八七三年禁止基督教的法令被撤废。一八七六年带刀被禁止。作为武力团体的武士被禁止，其后四民的平等也宣言了。新法典的编纂，新陆海军的编成，新警察制度的设定，也逐一实行，教育的新制度亦由政府的经费来创办了，新宪法也要制定了。终于在一八九一年，召集了（严格地说）最初的日本议会。那个时候，只要法律能制造，日本社会的整个轮廓，采取欧洲的模型而改造了。国民成功地走入了完成的第三期。藩在法律上瓦解，家族已经不是社会的法律上的单位，而个人被新宪法承认了。

我们如果将广大的政治急变，只在其小局细目——事件的诸要素，直接的原因结果的凑合，强大人格的诸影响，强迫个人行动的诸条件——上着想，则很容易把那变化当做具有优秀精神的几个人的工作所产生的胜利。这是说，我们大概忘记了这些人本身就是那个时代的产物，忘记了这种急速的变化，既代表个人的知性的活动，同时又一定代表着国民的本能或种族的本能的作用。明治维新不可思议地表现着这种本能遭遇危机而活动的事情——当环境突变的时候，内部诸要素适应得很好的事情。国民知道在新条件之前，从前的政治制度也是无力的，国民于是改变了这个制度。他们知道了封建制度不足以防御国家，于是改造了这个制度。遭遇了预想不到的必要条件，他们的教育制度也知道无用，于是他们连这个制度也改变了——同时佛教的力量也削弱了。不这样的话，佛教也许向被要求的革新提出了重大的反对。就在濒于最大危险的时候，国民的本能回到它过去最可靠的道德上的经验，——这个经验，是表现在毫无可疑的从顺的宗教——祭祖中的东西。大家信赖神道的传统，参集于太古诸神之后裔的大君周围，以敬虔热心的信仰待其睿虑。只有严守天皇的命令，其危险才能避免，——除此以外，决无其他可避危险的方法。这就是国民的确信。所谓天皇的命令，仅仅是叫国民精励于学问，在智力上努力和敌人并驾齐驱。这个命令如何被诚实地遵守——这个民族古来道德上的训练，在这危急存亡之秋如何有效——我不必来说了。日本赖其自己获得的力量，正当地伍于近代的文明国家了——即因其新军事组织而变为可怕的国家，因其在实际科学方面的成功，变成可尊敬的国家了。在三十年之间自己获得如此惊人进步的力量，正是靠了日本从其祖先的宗教，即久远的祭祖而得的道德习惯。若要正当估计这个功绩，我们必须想到日本最初站在世界的竞争舞台的时候，日本在进化方面比任何近代欧洲国家至少年轻二千七百年。

斯宾赛说，宗教的各种制度对社会的大价值，在于团结他们的力量，——在于强人服从习惯，反对可能使其瓦解的变革，而强化其统治力上面。换句话说，从社会学的立场来看，宗教的价值在于其保守主义。有许多人著书主张日本的国家的宗教，过去因为不能抵抗佛教的压倒的势力，因此是薄弱的，但我不能不认为日本的全社会史正给我们一个反证。神道学者自己承认，佛教在一个很长久的时代中好像完全并吞了神道，并且佛教在一千年之间指导了国民的教育，但在这其间神道还是极有活气地存在那里，因此它终于使佛教退去，并且将国家救出来，使国家不受外国的支配。认为神道的复活，仅仅是一群为政者的梦，侥幸实现了，如此而已，这样的断言，漠视了引起了这个复活的一切过程。如果国民的感情不欢迎他的话，这样的变化不能单靠法令而实现吧。此外关于以前佛教的优势，有三条重要事实必须记忆：（一）佛教只修正了祭祀的形式，但保守了祭祖，（二）佛教并没有将氏神的祭祀取而代之，反可以说它支持了氏神的祭祀，（三）佛教决没有置喙于皇室的祭祖。这三种祖先礼拜的形式——家庭的、社会的、国家的形式——是神道上极重要的一切。古代信仰的要素，虽在佛教长久压迫之下，一个也决没有变弱。何况是被废止云云，当然毫无其事。

神道现在不是国教。由于神道的管长等的要求，它甚至于没有公式地区别为一个宗教。这是由国家政策的明白的理由，这样决定的。神道完成了它的重大事业后，自行退去了。神道代表着成为民族的感情，义务的观念，忠义的热情，以及爱国心的原动的国民精神，它现在还是一个巨大的力量，倘使国家危急存亡之秋重新来临，那么如果许之于它，必定会成为一个有效验的力量而存留下来。

近代的压迫

倘要理解近代的日本，漠然地去理解也好，必须想到三种社会的压迫的结果，对个人的精力和能力，给予了怎样的影响。这三种压迫，第一来自长上的意志，强人无限地服从命令，而夺去他精神上的自由。其二来自同行以及同等阶级的共同意志，不给他从对他最有利的最好的方法发挥其最大能力的权力。其三是下层人的一般感情所代表的从下而来的压迫，这种压迫，强迫人当指导他人的行动的时候，要服从传统，避免新花样，如果觉得比他属于下层阶级的人不会衷心愿意接受，那么纵有怎样的利益，不许他实行任何改革。这三者都代表着往昔宗教责任的遗产。我现在颠倒次序，先讲从下而来的压迫。

外国的观察家时常断言，在日本的真正力量，非从上面作用而来，而是从下面作用而来的。这个断言有几分真理，但不能说是全部真理。这个情形太复杂，故不易概括的论述。居高位者的权威，常有受下面抵抗的倾向，因此多少受到抑制，这倒无可否认。例如从农民来讲，确有许多侮辱性质的规定，加在他们的生活上，但在日本的历史上，无论在什么时代，他们对付过分的压迫的手段，未尝完全被夺。他们对于制定一村的法律，估定他们纳税的可能额，对于苛征暴敛，可以——经由上司——提出抗议。而他们的所有物，因有法律禁止出卖或出让祖先传下来的遗产，因此大抵安全。这至少是一般的通则。然而也有这样的坏大名，对待所属农民甚为残酷，而又知道如何妨碍他们的呼吁或抗议达到上司。这样压迫的结果，几乎每次都引起暴动，而压迫者被追究暴动的理由而受处罚。理论上虽被否定，但农民反抗压迫的权利，实际上是被尊重的。暴民虽受处罚，但压迫者也同样受处罚。大名于开征新税或实行强迫劳动时，亦不得不考虑所属农民的事情。平民虽要服从武权阶级（士族），但在都市，工商人能组织强力的工会，借此可以阻止武士的压迫。一般民众，无论在什么地方，通常对有司采取谦恭的态度，但遇特殊情形，则毫不踌躇地蔑视他们。

宗教与统治，道德与习惯，实际上属同一物的社会，竟会产生抵抗有司的显著的例，说是奇怪倒很奇怪，但是社会上的事实本身，就说明着这个事实。自极古时代，人民确信盲从权威，在普通的场合是一般的义务。但这个确信现在又有一个确信和它结合着，——即确信反抗权威（除了最高的治者天皇的神圣的权威）在非常的场合，也是一个义务。这两个表面上是反对的确信，实际是并不矛盾的。只要其统治遵守着习惯，——其命令纵令如何苛刻，只要不与传统与感情冲突，——民众便将其统治认为是宗教的，而绝对服从它。但统治者如以无理由的冷酷精神或贪婪的精神，胆敢破弃道德的习惯，民众便以殉难的决心来反抗他，他们觉得这也是宗教的义务，也可以这样说。由一切种类的地方压迫看来，危险的是离开习惯。甚至于摄政贵族的行为，也因臣下的舆论而大受抑制，而某种专制的行为，因有被暗杀之虞，也大受抑制。

尊重臣下的感情，自昔为日本为政者的必要政策。其原因一方面固由于不必要的压迫会引起危险，同时为了目前的人们认为自己的努力得到赏识，只在这个时候职务才能圆滑进行，又为避免做出不必要的突然的变化，使他们陷于不利，这些事情，是这个政策的更主要的原因。这古来的政策，现在依旧是日本的施政的特性。其高位的权威者尊重舆论一事，由外国的观察者看来，是又惊又费解的事情。外国的观察者，看见许多人们的思想的保守力，虽和西洋人所想的，社会的进步所必需的舆论的训练相反，但却是成功的。从前日本的一地方的统治者，对其人民的行为负有责任，今日在新日本，监督一个官厅的各官吏，对于事务的圆滑进行，也负有责任。但这并不是说官吏仅仅对于事务的能率负有责任，官吏又对于自己的部下，至少对于其部下的多数，如果不能满足其意志，也要负责任。他们的大臣、县长、社长、经理、科长、监督，如果不为这多数人所欢迎，那么这个事实便会被人认为他们没有行政上的资格。关于责任的这个古来的观念，教育界的例，恐怕最奇特。学生的闹风潮，照一般人的想象，这并不是因为学生难制御，而是由于监督者或教师不明白自己的工作。所以校长仅以满足多数学生为条件，保持着自己的地位。高等官立学校的各教授讲师，要对自己的讲授负责。在其他方面，他们的才能，即使优秀，不善于迎合学生的官立学校的教师，除非有有力的保护者为他调停，便会以一纸简单的命令而被免职。他的努力，不会以优秀为标准而受判断，他们决不会因他们的真正价值而受批评①，他们单由给予学生的印象而受到评价。差不多到处维持着这个责任制度。国务大臣，会因民众的感情，对他施政的结果负责任，同样在他部内发生特殊案件或骚动时，不管

① （这个政策，的确是以极不相同的道德状态为假定而出发的）西洋的读者也许以为不当，但在新的规定下，恐怕一时也许没有比这更好的了。我们一想教育制度所发生的突然的非常的变化，则在二十年前，恐怕教师的直接价值，单由其善能讨好学生的本事来决定。如果教师所教授的，其程度在学生的平均能力以上，或在其以下，或者学生渴望新知识，而教授方法，不知所以使得他们满意，那么学生便能以自己的意志，责备教师的无经验。从上到下，通过社会的所有阶级，与前例同样的责任制度，以及关于个人意志之遂行的同样限制，以种种形式严存着。家庭内部的状态，关于此点，也和官厅情形无大差异。例如任何家庭的主人，甚至于对他自己的奴婢或从者，除了某一定的限制以外，不能强行自己的意志。良好的仆婢，无论有什么事，不远背传统的习惯。而谓仆婢的价值，可由这种不屈之心证明的古来的意见，由数世纪的经验，被认为正当。一般人民的感情，依旧是保守的，而其表面上的革新的热情，决非指示生活的实际事实。流行，礼仪，家庭内部，树上风景，习惯，方法等，一切生活的外观都变了，但自昔传来的社会组织，还是固定在这些表面变化的下面，而国民性也差不多没有受到明治的一切变化的影响。

他有没有把它防止，总要负起责任。因此可以说，究极的力量还是以最大限度保持在下面，这是事实。最高官吏，如果在某一方面遂其独断的意志，则必会得罪，他的意志这样受抑制，恐怕反而好。

个人所要服从的第二种强制——团体的强制，即共同生活的强制——要成为自由竞争的实际上的障碍，因此在最近的将来有成为有害的东西的危险。日本的任何都市的日常生活，表示着大众在集团地思想，集团地行动，其例甚多。其中洋车夫的规程，是我们日常看惯的最有力的例子。据其条款，倘有两部车子向同一方向走着的时候，禁止后面的车子赶过前面。至于有固定主人的包车——因其有力迅速特别选定，希望极度使用其体力者——则有例外，但这是不得已而规定的。在千万个车夫之间，有这样的规定：年轻力壮的人，不能赶过年老衰弱的人，也不能赶过故意跑得慢的懒人。利用自己的优越力量，以作竞争，这是职业上的违反，必定受罚。现在说雇用了一个强壮的车夫，叫他尽力奔跑。他便飞也似地向前赶，这时候偶然也会赶到一个慢吞吞跑着的老弱车夫，或者故意偷懒的车夫。那么这个强壮的车夫，不赶上去，跟在慢车后面，速度慢得像走路一般了。为了强壮而快者不能追过慢者的规定，有时像这样会迟上半个钟头或半个钟头以上。弱者看见有人要追过他，就要生怒而叽咕起来。在他说话的背后隐藏着的思想，可以这样表现："这不是不合规则吗？——你要做的事，不成为你的伙伴的利益，这你应该晓得！拉车子生意是很苦的生意，假使没有禁止只顾自己利益的竞争的规定，我们活下去还要苦！”当然这样的规定，并不是广泛地考虑职业的利害的结果而制的。车夫的这种道德的规定，以种种之形表示着至今一直加在日本各级劳动者的无文律的范例，其无文律就是“无特别许可，不得凌驾同辈”。这是不错的。飞黄腾达之路，为有才能者开着，但竞争是禁止的——总之是这个意思。

近代社会对于自由竞争的抑压，自然是表现着支配古代社会的利他主义精神的复活与扩张，——并非任何一定的习惯的单纯的继续。封建时代并没有车夫，不过一切工匠与劳动者都有工会或同行。而这些工会的规律，禁止了单为个人利益的竞争。和这同样或差不多的组织的种类，今日为工匠劳动者们维持着。而在这工会外，雇主对于熟练劳动者的关系，也是从前共同生活主义的方法，以其工会或同行所规定。例如有人要盖一个漂亮的屋子，那么这个人为了他的目的，将以工作熟练非常聪明的人们为对手。因为日本的木匠，差不多可以和工匠为伍，甚至于说不定可以和美术家比肩。建筑有时会托建筑公司去办，但一般的通则，还是托木匠的栋梁好。所谓栋梁，是一身而兼着建筑技师，承办人，以及木匠三者的人。托办的人无论如何不能自行选择或雇用工人，因为这是工会的章程所禁。托办者只能订立契约。栋梁俟自己的设计被承认，以后一切事情都归他去办——材料的采办，搬运都在内——木匠，泥匠，瓦匠，席工，窗户匠，铁器匠，石匠，锁匠，玻璃匠的雇佣，也由他来办。这因为每一个栋梁代表着远较他自己的木匠工会为高的东西。他关于家的建筑与家的造作的所有方面都有徒弟，所以委托者做梦也不要去干涉他的要求及特权。他根据契约去盖那所房子，但这只不过是和他的关系的开始。一旦委托他去办，那么委托者，就算实际上和他缔结了除非有充分的理由毕生不能遗弃的约束。过后他的家的任何部分，无论有什么事——不论墙壁，地板，屋顶，屋基——委托者一定要请他来商量修理的事情，决不能请别人。譬如屋顶漏了，不能去请近邻的瓦匠或白铁匠。墙壁上的灰泥裂了缝，决不能自己去叫泥匠。造那所屋子的人，对那所屋子的状态负有责任，因此栋梁是一定要彻底负其责任的。他以外没有人有叫泥匠，瓦匠，白铁匠的权利。委托者如果干涉了他的权利，他也许会碰到不愉快的意外事情。如果反对他的权利而诉诸法律，则以后无论出多少钱，木匠，瓦匠，泥匠都不会到他家来。和解是什么时候都可以做到的，但工会为他无此需要而诉诸法律一定会感觉不愉快。不过这些工人的团体，无论什么时候都肯老老实实的在工作，所以结果还是和解上算。

再拿庭匠为例。为造一个漂亮的庭园，雇了一个被推荐过来的熟练庭匠。他造了庭园，委托者给了他工钱。但这个庭匠实际上是代表着一个同行的。只为雇用了他，他也好，他所属的庭匠公会的其他会员也好，只要委托者所有那个庭园，一定不断地来照顾。每逢季节变换，他总要来替你整理，矮树篱笆也好，果树也好，都来裁剪一下，垣墙修一修，蔓草的样子改正一下，花弄一弄，——如果是夏天的话，弄一点纸制的蔽日物，以便弱小的灌木不为烈日所晒；如果是下霜的季节，便用稻草弄一点遮霜的东西，——他以极少的报酬，给你做有益而精致的事情，不过禁止这个人的出入，而另外请人代替，这事除非有充分的理由，绝对不可能。如果不确实知道以前的关系经双方谅解而解约，则别的庭匠无论出多少钱也不肯来。如果委托者方面有很好的理由声辩，便有中间人出来解决这个事情，而由公会方面布置一切，以免委托者将来有什么困难。不过委托者不能只为了想雇用别人，而无理地禁止以前的庭匠出入。

以上诸例，足以说明今犹以数百形式保持着的从前的社会组织的特性吧。这个共同主义，除了集团与集团之间以外，抑制了竞争，结果非常良好。使工人得到了安乐的生活状态。在没有所谓缺乏的时代，即在以前的闭关自守时代，一般的人们不为现在这样的经济状态所苦的时候，这是最好的制度了。现在还有一个有趣的东西残留着，就是年期奉公的现状。这也是由族长制度而来的状态，对竞争加以别种限制的东西。在旧制度之下，奉公大都是无薪的。为学生意送到商家的孩童，或者被送到老板下面的徒弟们，是由他们的保护者照顾膳宿衣服甚至于教育，如果希望的话，也可以一辈子在他家中。不过他们习得了主人的工作或买卖，而自己十分能够管理买卖或工作场所以前，工钱是没有的。这样的状态，今犹盛行于商业的中心地——虽然商人或老板现在已经并不怎样需要学徒来学生意。多数大商店，薪水只给积有经验的人。其他被雇的人，只受训练或受照顾到他们的年期终了。年期一过，他们之中最有能力者，被视为熟练者而重新被雇，其他的人，则得主人之助，开始独立经营买卖。同样，徒弟的年期一过，他或许重新被雇为职员，或者被人家雇去，但老板还是帮助他。主人与佣人之间这样的父子兄弟的关系，能使生活愉快，工作有精神。因此今后这些关系消灭的时候，一切生产品的质，将会大受影响吧。

到普通家庭做事的情形，其中今日也残留着族长制度，其程度颇难想象。这个问题有稍加详细说明的价值。我特别想说女人到别人家庭中做事的情形。据昔时习惯，女仆并非主要对那家主人负有责任，而是对自己的家族负有责任。她去做事的条件，要和她自己的家族决定。她的家族便要立誓女儿的从顺。通常善良的女儿并非为工钱去做事情（现在则是给薪的习惯了），也不是为了生活，其主要原因是为了准备出嫁。这个准备，一方面为了能够适应为她的未来的丈夫家中的一员，同时是为了她自己的家庭的名誉。最好的女仆是乡下姑娘，她们有时极幼时就被送到人家去服务。父母很当心选择女儿出去服务的家庭，他们特别希望那个家庭能使女儿学得礼仪规矩——因此希望老式而严肃的家庭。善良的女儿希望人家不把她当做女仆，而把她当做来帮助的人看待——希望人家对她亲切，信用她，对她发生好感。在老式家庭里，女仆实在这样被看待，而其关系并不是短的——普通的契约年限是三年到五年。但十一二岁就出去，这个女儿恐怕要一直服务八九年。除工钱以外，主人每年送她两次衣服，以及身上的必需品。也可以得到几天休息。地拿到工钱和津贴，便能好好的准备起来。除非遭遇意外的不幸，父母不会叫女儿把工钱拿出来。不过女儿是随时要服从双亲的，他们叫她回来出嫁时，她就得回家。在她做事的期间，雇主也可以叫女儿的家族来做事。为了照顾着自己的女儿，主人方面即使不要人家报恩，但人家倒会来报答你。如果女仆是农家的女儿，便会时常拿蔬菜，水果，果树，园树，或其他农产物送来，如果父母是商工阶级的人，便会送精致的工业品来。做父母的所以感谢，并非因为女儿得到工钱，或衣裳，而是因为女儿所受的实际教育，暂时当做主家的义女，在道德上以及物质上各方面都来照顾。雇主方面又为了人家这样送礼来，自己有时也会送点礼物作为女儿的妆奁。这个关系完全是两个家族的关系，而不是个人的关系，这同时是一个永久的关系。这样的关系，在封建时代，有时一直维持到好几代。

现在依旧残留着的这些例所示的族长的状态，确成为使生活容易而愉快之助。但从近代的见地来讲，这是可以加以非难的。其中被视为最坏的一点，是其道德价值过属保守性，在新的方面，这样的做法，有着抑压努力的倾向。但这些情形现在还残留在那里，这表示日本昔时生活的魅力今犹残留几分。这些情形已经消灭的地方，其魅力也永久消失了。

现在还有第三种压迫，必须加以考察——这是借官方的权威加在个人上面的抑压。这种压迫，也有种种旧的遗风，但这除了黑暗方面外，也有着光明的一面。

我们已经说过，个人已经合法地免除了古来的许多义务。个人已经没有必须从事于某种特殊职业的义务，个人也可以去旅行。也可以自由和高于或低于自己的阶级的人结婚。改换宗教，也不受禁止。他只要自己不怕危险，可以做许多事情。不过法律上许他自由去做的事情，有时从家族与社会来看，倒不好这样做。从前的感情与习惯的固执，使得法律上给予的许多权利，变为无效。和这完全一样，个人和比他高权威者的关系，虽有国家的法律，现在还是由古来的许多抑压及强制而来的传统支配着。照理来讲，才能精力拔群的人，应该飞黄腾达，一直爬到最高的地位，但和私的生活现在还是给从前的共同主义支配着一样，公的生活现在也是给阶级或藩的压制政治的遗风所支配。有才能的人没有别人的援助而获得高位权势的机会极少。因此反对集团的思想或行动、单独竞争，几属无望。只有商业或产业的生活，现在对有才能的人给予着很好的机会。出身微贱而在宦海成功的极少数的有才学的人，主要由于党派之助或藩的爱护。要世间认识个人的才能，必须集团与集团对抗。除商业之外，任何人独立单靠竞争成就一件事情，大概办不到。无论在哪一国，个人的才能必定遭遇许多种类的反对，这是事实。又嫉妒与无慈悲的阶级偏见，在社会上给予很大的影响，这也是事实。这些东西阻止最优秀的才能以外的人的成功。而在日本，社会的特殊组织援助着阻止出身微贱而有才能的人成功的社会策谋。因此这社会的策谋变成极有害于国家的东西。——因为在通日本的历史中，像现代这样应该不问阶级地位而需要最高俊才的最高能力的时代，从来没有。

但这样的事情，在复兴改造的时代，是不得已的。政府在其许多事业中，甚至于在一个部门中也没有十分报答俊才的功业，这个事实特别显著。人无论如何努力，以求政府的赞赏，但其报酬，仅仅是名誉和勉强可以维持生活之资而已。最有价值的努力，其所得报酬，和最没有价值的努力一样。最大价值的服务，由人看起来，和并不怎样重要的事业是一样的。（显著的例外，并非没有，但我所说的是一般的通则）有异常的精力忍耐及才能，又有阶级援助的人，如果爬上一个地位，这个地位如果是在欧洲，不仅名誉，生活的安乐也可以得到保证。但是在日本，这种地位的报酬，几不能维持实际的生活费。不问其为陆海军或司法、教育、递信、内务诸部——报酬的差异表示着才能及责任的差异的地方，一个也没有。官阶一层一层地上去，薪俸倒没有什么特别的差别，——因为费用随官阶的上升而增加，完全和法律所规定的薪俸不相符。迄今一般的通则[①]是到处强迫以尽量少的钱，尽量多做事情。不知道这个国家的社会史的人，也许会这样想象，政府对官吏的政策，不在于物质的利益，而在于给予空虚的荣位。但实际上不过是政府在近代形式之下维持了从前的封建的奉公状态——简单的说，就是作为可以得到有名誉的生活之道的代偿的奉公——罢了。在封建时代，农民为了获得生存的权利，被希望将其可以拿出来的东西尽量拿出来，美术家或工匠，得到权门的爱护者为幸运以此满

① 推事的薪俸，是一年七十镑到五百镑，后者是最高的数目。帝国大学的日本教授，其最高薪俸至今定为一百二十镑。邮局职员的薪水，仅能维持生活费。警察视地方而异，其一个月的薪俸由一镑到一镑十先令。小学教员的薪水更低（一个月九元五角，约合十九先令）——一个月仅得七先令以下者也很多。下表是一九〇四年的军队的薪俸，读者看了一定有兴趣。

	月薪	住宿费	合计
	元　镑	元	元
大将	500（50）	25.00	525.00
中将	333	18.75	351.75
少将	263	12.50	275.50
大佐	179	10.00	189.00
中佐	146	8.75	154.75
少佐	102	7.50	109.50
大尉（一级）	70	4.75	74.75
同（二级）	60	4.75	65.75
中尉（一级）	45	4.00	49.00
同（二级）	36	4.00	40.00
少尉	30	3.50	33.50

足。甚至于普通的武士，从他们的藩主所得到的东西，仅属些许必要之物。得到必要以上之物，就算是非常的恩惠。而上面有所下赐时，每次都跟着有升级。但是在支付金钱的近代制度之下，政府虽还巧妙地维持着同样的政策，除了实业方面以外，生活到处显得困难，不能与封建时代相比。从前最穷的武士，其生活也有保障，如无过失，地位就没有被褫夺之虞。从前教师虽无薪金，但社会的尊敬与弟子的感谢，使教师保障了相当的生活。为奖励地位微贱的天才工人，大诸侯竞相爱护他们。诸侯们也许希望天才者满足于普通的薪金，但他们给予保障，使其不陷于贫穷困苦，又给他充分的时间，以完成其工作，如此讲求他的最大杰作确实受人珍重赞赏的手段，而使他欢喜。但现在的生活费已经涨到三倍四倍，因此连美术家工匠们，也以得不到尽量发挥其才能的奖励的，偷工减料的工作，代替了昔时美丽的，有充分时间琢磨推敲的工作。于是工艺的最优秀的传统，陷于灭亡的命运。今日的农业阶级的社会，也不能说幸福于昔时法律上禁止没收农民土地的时代，也不能说远较那个时代好。而生活费只有增加下去，因此现代这样经过悠长的次序做事的方法——在不久的将来成为不可能，这是明显的。

上开薪俸，约于二十年前制定时，房租颇廉，一个月三四元，随处可得很好的房子。今则不然，军人在东京出十八元或二十元以下的钱，小小的家也几乎租不到。食品也涨价三倍。但至今不闻不平之声。军人之中，其薪水不足以租屋者，则分借小室一间。多数人皆感生活之苦，但都以报国的特权为荣，做梦也不想辞职。

如果政府是贤明的话，现在这样的自己牺牲，不是可以无限制地要求的——许多人一定会觉得应该劝诱公明正大的竞争，改善待遇以鼓舞健全的自由主义，并以之登用人才。但政府外表虽如此，但实际行动则较为贤明。数年前一个日本官吏曾对我说过这样奇怪的话："我们的政府并不想在必要以外奖励竞争。人们没有对付竞争的准备。如果勉强去奖励，性格的最坏的方面将会露出表面来。"这句话将怎样的政策实际表现到怎样的程度，那我是不知道的，但西洋的自由竞争成为现代这样比较上有人情味的东西以前，我们需要积了怎样的经验，这点我们倒容易忘记——不过任何人都知道，自由竞争易成为残酷无情的东西，这点不弱于战争。在数百年间将利己的竞争当做犯罪受教的一国民之间，突然奖励单为了自己的努力，这样的政策当然会被认为是拙劣的。十二三年前施行西洋式议会政治时，国民如何没有准备，初期的地方选举的历史及第一议会的历史，可为明证。在那丧失过许多人命的每次猛烈的选举竞争中，实际上并没有个人间的怨恨。在那因其粗暴致使外国人吃惊的议会的争论中，个人间的敌意也是没有的。政治上的斗争，实在不是个人间的东西，而是藩的利害关系，或者是党派的利害关系间的东西。各藩或各党的从属者，将新的政治只认为是一种新的战

争——为首领而战的忠义之战——不为正邪曲直等抽象观念所左右的一种战争。我们如果想象，一国民的习惯，与其说是忠于主义，不如说是忠于人——含有不问结果如何的自己牺牲的节义——便能明白这个国民的最初的经验，对西洋所谓公明的胜负（fair play）没有表示任何理解。这个理解将来或许会来到，但不会来得迅速。这是关于政治说的，但在政治以外的一切事情，即便使这个国民理解了他们有各随自己的确信，为自己的利益，而与其所属团体无关系地行动的权利，但其结果不一定是成功的；因为个人的道德责任的观念，在集团的关系以外，至今尚未充分养成。

这个事实表示至今政府的力量主要是依存于固守昔时的习惯，以及从前一样的敬虔的服从心。以后一定会发生很大的变化，但那个时候以前，必须忍受许多事情。法律上虽处于自由状态之下，但像封建时代一样服从官宪——现在还是以封建的精神，为政府牺牲一切，单纯地认为这是一个特权，因此他们的才能，他们的精力，他们的极度的努力，甚至于他们的生命——认为当然的事情——认为国民的义务——也甘心提供的数千万日本爱国者的坚忍的勇气，在近代文明的历史中，绝对没有比这再令人感动的记录了。实际上，日本人是作为国民的义务而牺牲着的。日本处于英国的绝大友情及俄国的绝大怨恨之间，濒于危险，——国家之贫穷，——为维持军备其财源逼迫，——甘于尽量少的东西乃属各人的义务，——这些国民都知道。因此不平是不多的。一般国民的单纯的服从心，也同样使人感动。尤其是关于广求知识于世界的诏书，日本人的从顺，尤具哀切之深。盖为过度用功自招死亡，视同普通的病死，如此忠诚的热心，——驱小孩子们学习他们的小小的头脑实在负担过重的学问（这目的虽好，但是那些一点也不懂得日本人心理的外国顾问们制作的），其努力甚至于损害了他们的健康，这样的热情的从顺——地震或大火的时候，少年少女拾破坏了的自家的瓦，用做学校用的石盘，把掉下来的石灰用做石笔，这种可惊叹的不屈不挠的勇气，——有谈这些事情的资格的人，只有在一八九〇年代之初，或在其以前在日本居住的外国人。甚至于在大学的高等教育生活中，实在悲惨的事实，我也讲得出来。——这是有很好的头脑的人，为了不堪装进欧洲普通学生所能负担者以上的学问的重压而挫折的故事，——濒死而获得胜利的故事，——在可怕的试验时，学生所给的不可思议的诀别之辞等等。我的学生曾经这样说过：“先生，我的答案做得不好，我是从医院跑来受考的——我的心脏有病。”（他拿到毕业证书后不到一小时就死了）。[①]……而这样的努力——不仅是和求学的困难奋斗的努力，大半是和贫困，营养不良，生活的不自由奋斗的努力——是只为了义务，为了求生的手段。只看日本学生不能

① 明治三十二年东京帝国大学英文学科毕业考试时学生牧野茅的故事。——译者注

理解和他所属的民族的经验完全不同的西洋的感情或观念，以及他学习外国语时所犯的错误与失败，便来批评日本的学生，这浅薄者的误谬；要正当的批评他，必须先要知道他所能发挥的沉默的精神勇气。

官宪教育

国民性经数世纪的训练而固定的程度，以及该国民性能抵抗外来变化的异常的能力的程度，得由国家教育的结果最显明地看出来。全国民由政府受着欧洲式的教育。在全部科目中，除希腊拉丁的文学以外，西洋学问的主要科目都包含在里面。从幼稚园到大学，全部制度只有外表是近代式的。但新教育的结果，无论在思想上或感情上，远较人所想象的来得隐涩。这个事实，单拿古来的汉学在必修科中尚居重要地位一事是不能说明的，也不能拿信仰的差异来说明。其主要原因还是在作为达到目的的手段的教育，日本和欧洲的概念根本不同这一点上。全日本的教育，虽是新式而有新科目，但还是以和欧式正相反对的传统的方式为其基础。说到西洋的道德教育，从幼年时代起就对儿童的行为加以限制。欧洲或美国的教师，对幼童颇为严格。在西洋，将行为的各种任务——个人的义务的“可”与“不可”——尽量提早恳切地教给儿童，是重要的。以后就宽大得多了。对已达成年的男子，则使他了解他的将来系于他自己的努力与才能。因此只在必要时加以劝告或警告，普通只叫自己解决自己的事。最后，将来有希望的人格高尚的学生，有的和教师很亲密，有的甚至于成为教师的朋友，有难什么困难的时候，随时可以到教师那里商量。而在智力上及道德上，训育的整个课程中，竞争一事不独被期待，而且是被要求的。但从少年时代到成年，规律渐渐松弛，同时竞争更被要求。西洋的教育目的，在养成个人的才能与人格，就是造成富于独立精神力量充实的人。

可是日本的教育，不管其外表如何，过去一直走着正和西洋教育相反的路，现在还是如此。其目的决非为独立行动而训育个人，而是为共同的行动——而是训育一个人使他适于在严格的社会组织中占有一定的位置。在西洋，压制从幼年时代开始，渐渐松弛，日本的训育，开始得较迟，而后来慢慢地变严格，但这不是教师或父母直接所施的压制，——这个事实，如后所述，结果发生很大的差异。不独在达到学龄（由六岁开始）以前，甚至于一直到比这更大的年龄，日本儿童所得到的自由，其范围远较西洋儿童为大。虽有例外，但通常日本儿童的行为，对于自己或他人并无任何害处，便随他去做。他虽受保护，但不受抑制，虽受劝告，但很少受强制。简单的说，他因为可以任性顽皮，所以日本的俚谚说“七岁八岁最受人憎”。非不得已不加以处罚。这个时候，根据古来的习惯，家族全体——连仆人也在内——为他讨饶。如果有弟妹的话，他们便会请求替他受罚。殴打一事，只存于极粗野的阶级中，并不是普通的处罚。罚还是用火炙的多，但这是严罚。大声斥骂，或做凶脸恐吓孩子，一般都认为不好。一切处罚都要静静的加，处罚者一面加罚一面轻轻的诉戒。打孩子的头，无论有什么理由，会被人视为下等而无知的证据。抑制游戏，改变食物，停止平常的娱乐，这样的罚不是普通的。孩子做的事，应该十分原谅，这是道德上的法则。一上学校就开始训练，但这最初是极轻的，差不多不能说是什么训练。教员的行动与其说是像先生，不如说像哥哥，除了在大众面前训诫以外，没有所谓罚。如果有所谓抑制的话，则是以一级的意见加在那个孩子上的。熟练的教师可以指导这个意见。各级在名义上又为因人格智慧都优而被选出的一个或两个级长或副级长支配着。不得不给予不愉快的训诫时，被委任给予这训诫的义务的，是级长。（这样琐细之点，亦有记述的价值，我所以引用这些琐事，是为了想说明在学校生活中意见的训练和共同意志的压迫，开始得怎样的早，又为了表示这个政策如何完全与日本人种的道德传统一致。）到了高级，压迫略为增加，在高等的学校，压迫更强。其支配之力总是一级的感情，而不是教师个人的意志。到了中学校，学生便认真了。中学校的级的意见，甚至于教师也要顺从其力量。教师若想漠视它，排斥教师之举便会积极的出来。各中学校有被选举出来的职员，他们代表着大多数人的道德上的规定——行为的传统的标准。（这个道德标准对于学生是不好的，但到处还是残存到某种程度。）这个程度的日本学校还不知道斗争以及欺压弱小的同学。这有明显的理由。一个人发脾气瞎闹是差不多不可能的。在使一切行为一律化的训练之下，一个人发脾气瞎闹，或欲肆其威风，这是不可能的。统一一级的风气，并不是要一个人支配多数，那是多数人支配一个人，那力量是大得可怕的。不问自觉与否，谁损害了一级的感情，他就要离群孤立，——陷于绝对孤立的状态。他未决心向大家谢罪以前，在校外也没有一个人会来睬他，不把他放在眼中。即使他决心谢罪了，原谅他与否，还要投票的多数来决定。

这样暂时的绝交，也为人所畏惧，并非无理。因为在学校社会之外，也被人当做是一种耻辱。而且这件事情的记忆，在他的社会生活中，永远会缠住他。无论他将做怎样大的官，怎样发达，但曾经有一次受过全体级友的意见的非难这个事实，不能忘记罢，——即使后来境遇变迁，这件事情反使他有名也好。在中学生毕业后再上去的大官立学校里面，级的规律更加峻严。教师大半是想发达的官吏，学生是准备入大学的，除了极少数例外以外，都是将来做官的成人。在这冷静有秩序的学生生活中，差不多没有什么可以使学生欢喜的东西，而养成同情心的机会也少。集会学会等虽多，但这是以实际目的而设备或设立的。——主要是关于研究的特殊部门。没有快快乐乐游戏的时候，也不大想玩。无论什么时候总是嵌一种模型里面的态度，为传统所要求着，——这个传统的存在较任何官立学校为遥远。所有的人注视着所有的人，怪诞之风，奇拔之行，立刻为人所注目，而徐徐被压掉。在某学校维持着的这样的级的规律的结果，外国的观察者一定会觉得不愉快。关于这些官立高等学校，最使我感动的，是阴郁的沉默。我曾经教过数年书的那个学校——全国最保守性的学校——有充溢着精神精力的一千个青年。但在上课时间与上课时间外的空时间，以及在运动场，庭园，以及在体育场上运动课的时间的一般的沉默，怪觉得有逼人之感。看过他们踢足球，但能听见的只有踢球的声音。在柔道场看过柔道比赛，其中说话声音有时一停半个钟头。（柔道的规则，不独要求沉默，又完全抑制观者泄露感情于外。）这个抑制，我最初觉得非常不可思议——虽然知道三十年前武士学校的训练，同样要求无表情与沉默。

最后到大学——这是到官厅去的公式的大门。在这里级的意志继续在某方面仍旧支配着他，但学生[①]知道以前在他的私生活上所加的抑制，已经免掉。通例学生毕业后入官吏生活，结了婚，变成一家的主人，或者不久成为一家的主人。

---

① 这是最近开始的事情，据学生们自己承认，结果并不好。在二十五年前，上大学读书，极受人重视，如果因自己不好而落第，那个学生会被当做罪人看待。当时有学生到大学（大学南校）念书，亲朋送行时，辄唱“男儿立志出乡关，学不成名誓不还”之句。又那时凡为学生者，衣食须朴素，一切任性的行为是要慎避的。

在他的经历中，这个时代的变化如何急激，只有实际看过那个变化的人想象得到。日本的教育的意义，充分开始实现，是在这个时候。

在日本的生活事件中，最令人惊异的，莫过于鲁钝的学生，摇身一变而为威风堂堂，态度镇定悠静的官吏。真没有多少时候以前，他还是个手拿着帽子，恭恭敬敬地听着人家说明文章或外国语的成语的学生。但今天他或许在一个法院里办着案子，或许在大臣之下管理外交文件，或在管理一个公立学校。他作为一个学生的特殊才能，他人无论如何批评，他现在对于他被招而所占的地位特别适应一事，却是毫无可疑的。他任官时他的学问的好坏，即使会被考虑到，但是搁在后面的——虽然他求学的目的，是在学问的上进。他因具有某种人格或有那种希望而被遴选后，他就受高级者的庇护，而使他经过特殊的过程。他也许有特别的情形，特别的提拔，但一般的说，有能的人物会被置于有望的地位。政府是绝少估计错误的。这个人物具有单以学问来估计以上的价值，——例如管理方面或组织方面——或者有因修养而得的天赋力量或技能。根据他的价值的种类，他的地位预先为他选定了。他的长而辛苦的学生生活，教给他书本所能教给他以上的东西，使他学得了愚笨的人决不能学会的东西；这些东西就是人的心或动机的读法，解释法——无论什么时候不露感情于色——只提出一二个问就能迅速把握真相的方法——（甚至于对旧时甚识的最亲密的人也）留心不给他看破自己的事情——最亲爱愉快地和人相接的时候，心的深底还是深藏不露的本事等。他熟悉处世的才智了。他是实在可惊的人，他是在他的民族中极发达了的模型，而在他的外表上露出的学识，不大可用以估定他的优劣，因此没有经验的外国人不能够判断他。他的大学的学问——他的英语，法语或德语的知识——只能用做圆滑地开动政府的某机器的油罢了。他只把这个学问当作为了某行政目的的手段。他的更显著而更深的实际学问，是表现他的日本人的精神的发达的。他的心和西洋人的心，其间的距离已经难以测度了。到了这个地步，他比以前越发灭却自我，变成是自己而不是自己的人了。他现在属于一个家族，一个党派，一个政府。作为私人，要受习惯的掣肘，作为公人，要顺从命令而行动。违反命令的时候，纵令其如何高洁，如何合乎道理，做梦也决不能做这事情。一句话有时会招致灭身之祸，因此他学会了没有必要就一句话也不讲的本事。只要默默地服从命令，孜孜不倦地遵守义务，他便能荣达，出乎意料地荣达起来。他会成为县长，成为法院长，成为大臣，成为全权大使，不过随着他的荣达，他的束缚会越发加重罢。

谨慎与自制的长时期训练，实在是官吏生活的必需条件。将获得的地位维持下去的能力，以及毅然辞职的能力，也多靠这样的训练。官吏生活的最坏之点，是缺乏精神的自由——缺乏根据自己的正义信念而行动的权利。特别是想维持自己的地位的属吏，不会有独自的信念或同情心——不

三社祭

过有长官许可者，自属例外。他不是一个人的奴隶，而是一个制度的奴隶——和中国的一样古旧的一个制度的。如果人的天性是完全无缺的话，那个制度也是完全无缺罢。不过人的性质，既然在将来也和现在一样，这个制度是有许多应加以改善之点。万事可以说悬于暂时受托大权的人们的人格。而为坏主人所使用的最有才能的奴仆所应选择的唯一方法，可以说就是离开这个主人的家，或者去做坏事，这两者中之一个，如果是刚强的人，碰到这样的问题，就会勇敢辞职，不过怯懦者与强者之比，是五十人对一人。不管是哪一种命令的违反，凡是关于违反命令的犯罪的古来的观念，至为深刻，和犯这个罪的可怕比较起来，抛弃地位不算是一回什么事了。和教义的信仰已经消灭之后宗教的形式依旧残留一样，甚至于强制良心的政府的力量还是残留着，——虽然现在已经不能说宗教和政府是同一物了。彻底严守秘密的做法，帮助维持了行政上的权威的观念上一直附随而来的漠然的畏惧心，而这样的权威，在我所示的那些范围内，实在是全能的。得权威者的宠遇一事，恍如得到快乐的幻象似的声望一样，整个社会，整个都会，听了有权威者的一句话，便会笑脸向那个人。那个人看了，满心欢喜，洋洋得意，自以为自己有可以受到世界所能给予的最上的东西的价值了。假定后来有权威者认为他有碍于己。那么只要一句低低的声音发出来，他不知不觉之间已经变成公敌了。没有人向他说话，没有人向他寒暄，没有人向他笑了——偶尔有的话，那不过是讽刺的笑罢了。长久尊敬着他的朋友们，在路上看见他，不声不响地走过去，如同生人一样。即使他赶上去，以满腔的热诚去招呼他们，他们也只会极小心的回答，尽量少说几句话。大概他们也不知道这是“为了什么”。他们所知道的，只是他们是听从命令做着的，命令的理由，最好是不去考究它。在路上玩着的小孩子们，这点也晓得，他们也来嘲笑失望着的命运的牺牲者。连狗也本能地察知其变化，当他过来时朝着他吠。做官后招致不愉快的结果是这样的。大的过失或规律的违反，也许比这更厉害——不过在封建时代，违反者只被命令切腹吧。有时恶人获权势，这个权威的力量也许会用在邪恶的目的上，这个时候，若要违反有悖良心的命令而行，一定要不少的勇气。从这种压制的最坏的结果拯救了从前的日本社会的，是大众的道德的感情，——就是潜藏在一切服从之下的感情，如果被压迫得太残忍，就会发生反动的感情。在今日之状态下，要行正义，较从前容易。不过官吏在新的政治生活的暗礁漩涡中，安全地把舵前进，是要大的手段，坚实，以及果断的。

读者已经了解作为一个制度的，官宪教育的一般性质，目的，和结果吧。同样，我们来详细考察表示着过去的状态与过去的状态的复活的学生生活的某方面，也有价值吧。我可以从自己做教师的经验——差不多十三年间的经验，来谈这些事情。

读过歌德的人，当记得《浮士德》的第一部里，为梅非斯特非列斯博士所迎的学生的信赖心深深的柔顺，以及在第二部作为巴卡拉乌列乌斯而再度出现时的，同一个学生的非常不同的态度吧。曾经在日本待过的外国教师中，根据自己的经验，想一想这个对照，而怀疑日本政府初期的教育顾问，虽然别无恶意，是否演过梅非斯特非列斯这个角色的人，一定不止一个。把菖蒲的花当做礼物，手拿一枝馥郁的梅花，单由于天真的尊敬之念，殷勤访问外籍教师的温和的中学生——规规矩矩依从命令做去，以其同年纪的西洋少年少见的认真，信赖，及举动的优雅使人魅倒的那个少年，在未成为巴卡拉乌列乌斯的长久以前，老早注定了要受不可思议的变化的命运。即诸君在数年之后，或许会遇见身穿高等学校制服的他，但那时已经难以认识他是以前的中学生了，——他现在已经没有优雅的地方，沉默无言，什么事也不跟你讲，来托你做差不多可以说是无礼的事情，好像这样要求是他的权利一般。他的态度活像他是一个保护者——不，我们可以知道他的态度比这更坏。后来上了大学，他的应对辞令更是死守礼节，但他已经是冷淡的人物了。记得他少年时候的人，看见这样的变法，觉得十分痛苦。和这个外国人的心及那个从前的学生之间，现在展开着的看不见的深渊比较，太平洋也觉得狭而浅了。外籍教师现在只被当做教书的机器。他的心中所感觉到的痛苦，更甚于后悔他过去那样努力维持他和学生间的亲密的关系。实在政府的教育的全部形式的制度，使得这种亲密的关系不能有任何发展。关于这个事情，我说的是一般的事实，而不是单讲个人的经验。外国人为希望接触到学生的情绪生活，或为唤起某种学问的兴趣，以获得知性的关系的希望，纵令怎样努力，也是徒劳而已。千中二三，他也许会得到可贵的东西——根据道德的理解的永远而有温情的尊敬。不过他要是想求得比这以上的东西，就一定会像南极的探险者，在给那千古的冰闭锁着的无边的断崖之间想找寻一个湾口一样，终于徘徊数月，而一无所获。但就日本教师来讲，他们和学生间的关系，并不如此。日本教师强迫学生极度用功，而学生倒服从他，在课堂外面也容易和学生亲近。他又能得到外国人断难得到的学生的心服。这个差异，过去一向以为是由于人种的感情，但这事并不是这样容易漠然地加以说明的。

人种的感情的确是有几分的，决不能说没有吧。没有经验的外国人，无论和任何日本人——至少是没有在外国待过的任何日本人——对谈半小时，就会说出损害那个日本人的好趣味和感情的话；同时没有到海外旅行过的日本人，用欧洲语言作一次简短的谈话，也几乎没有一个人（恐怕没有一个人）不留下使得对方听的人惊诧的印象。像这样在根本不同的心之间，求得有同情的理解，殆不可能。不过进而去求这不可能之事的外籍教师——他因可以希望西洋的学生会很容易的理解他，因此便同样向日本学生要求的外籍教师——其所以惊诧，自属当然。“在我们当中总有一个世界那么大的距离存在着，这是什么道理？”这是时常听到的质问，但能够答复的人很少。

这个理由，读者现在已经大概有几分明白，但其中理由之一——而且是最稀奇的理由——恐怕还不知道吧。未讲这个理由以前，我先应说明外籍教师和日本学生间的关系，是人为的，但日本人教师与学生间的关系，根据一贯的传统，是牺牲与义务。学生对外籍教师所取的不冷不热的态度，无论什么时候都使他扫兴的冷淡态度，大部分基于由完全不同的义务观念而来的误解。大凡古来的感情，在许多旧形式消灭之后，还是不绝如缕地存在着的。而封建的日本，在近代日本残留得如何之多，这是外国人谁也不能马上判断得出的。现存感情的大部分，恐怕是像遗传一般传下来，并不是新的理想代替了旧时的理想。在封建时代，教师是不受薪水的，他被希望将他的时间，思想，以及力量完全贡献给他的职业。他的职业附随着很高的名誉，因此报酬是不计到的，——教师完全靠着父母和学生的感谢。一般的人认为师弟的关系是非常强大的。因此也有过这样的武将，在遭遇袭击之前，想尽方法使他从前的恩师脱离包围。他认为至少恩师的生命要保全。师弟间关系之强，仅次于父子关系。教师为了弟子，不顾任何牺牲，弟子为了教师也随时可以甘心去死。不过实际上，日本人性格的利己的激烈的方面，开始露出表面来了。但是我们只要举一个事实，就可以知道那样多的往昔的感情，坚强地残留在比较从前粗野而新的表面之外。大凡在日本成就的，几乎所有的高等教育事业，虽有政府的援助，却是个人的牺牲的结果。

这个牺牲的精神，支配着社会所有的阶级。政府的钱多年来专用于一般教育事业，这是人所共知的。但显宦富豪以及上流的人们，拿私费教育着学生的事情，亦人所周知。这样的援助多数是完全不要报偿的，但有少数的情形，将学生的费用换算好，使他将来有一个时候分别偿还。读者大概知道从前的诸侯为扶助家臣的生活，总是将他们的收入的大部分用在这个上面。诸侯供给数百个家臣，或数千人，有时数万人的生活必需品，而作为其报酬，要求军务，忠诚以及从顺。这些从前的诸侯或他们的子孙——尤其是现在还是大地主的人们——今日竞相补助教育。负担得起费用的人，教育着从前的家臣的子孙，受这爱护的人们，年年由旧领地所设学校的学生中选拔出来。现在每年能够养成许多学生的人，只有富有的贵族，位虽高而收入不怎样丰富的人，不能照顾许多人。但是所有的人，或几乎所有的人，都来照顾着多少。保护者的收入不多，要学生约定毕业后偿还，否则不堪负担的人，也做着同样事情。有时保护者只负担费用的一半。

这些贵族的风气，又广为社会其他阶级所模仿。商人、银行家、制造业者——商工业界的所有财主——都教育着学生。军人、文官、医生、法律家，简单地说，一切职业的人们，都做着同样事业。收入少，不能养成许多学生的人，也将学生用做看门人、佣人、家庭教师等，以些许工作的代价，给他食宿在家里，时时给他点零用钱，这样来补助学生。在东京及其他几乎所有的大都市，几乎所有的大家，把这样的学生用做门房。至于教师们所做的事情，那要特别的记述了。

公立学校教师的多数，没有受着足以金钱来补助学生的薪水，但生活有余裕的教师，都给着多少补助。在高等程度的学校的教师与教授之间，补助学生一事，似乎认为是当然的。而其所谓“当然”，过于走向极端，尤其是看他们薪水的菲薄，甚至于令人觉得这是不是另一个“习惯的压制”。不过表现于特殊情形中的，甘心去牺牲的精神，以及忠于封建的理想主义，不能只说那是习惯的压制就算完了。例如大学教授某氏，多年之间，差不多将自己所有的薪水分给许多学生，照顾他们，教育他们。那些学生的衣食住书籍学费，都由某氏负担，自己只留下生活费。而他的生活费，据说仅仅是吃烘山芋过日子的程度。（如果想象在日本的外籍教授，为了义务教育许多贫穷学生，自己只吃面包和水过日子，那便怎样！）我还知道两个差不多和这相同的两个例。一个是七十岁以上的老人，现在依旧将他的金钱、时间、知识一起贡献给义务这个他一向抱着的理想。这一类的，没有人知道的牺牲，不知道由生活没有余裕的人提供着多少吧！实际上，公开这样的事实，只会使他为难。连记述引起过我注意的事情，也难免轻率之讥，——这样记述虽能表彰一个人的美德。日本的学生既然看惯本国教授的这种献身的行

为，那么比日本同事薪水拿得多，然而没有理由模仿也不想模仿日本人教授的做法的外籍教授[①]，即使对他们表示了关心与同情，当然不会受到多大感铭的。

虽遭遇不可想象的困难，这个教育上牺牲自己的义侠行为，的确足以补救教授上的许多错误。近年教育界虽盛行腐败事件——官场的疑难官司、阴谋、虚伪——但只要出自慈爱之念的献身的行为继续支配着学生世界，那么必要的改革一定能做成功。我又敢说官吏的疑难官司与失败，起因于政治干涉了近代的教育，以及企图模仿和国民道德上的经验完全不同的外国的传统的方法。日本保守着古来的道德理想时，日本弄得很好，但无此必要而从这个理想离开时，不幸与困难便作为自然的结果而发生了。

在近代教育的其他事实中，有的又颇能暗示有那么多的从前的生活现在还隐藏着，又在知识阶级的人们中，有那么多的日本人的特性残留着。我主要指在海外的日本人的教育——在德国、英国、法国、美国诸大学的一种高等特别教育而言。在某方面，这些结果，至少根据外国人的观察，是不满足的。想到很大的心理方面的差异，——习惯与心理状态的完全相反——便知道日本学生在外国完成了实在惊人的事情。用那在日本的文化中养成，装满了汉学与汉字的头，在欧美的有名大学毕业，这是惊人的本事。这个本事，差不多等于美国的学生在中国的大学毕业。海外留学生的确是因

① 小泉先生对日本学生有这样的补助，这是事实。——译者注

其有能而被选出来的人们，达到这个使命所不能或缺的一个资格，是普通的西洋人难以比肩的优秀，由其质而言，是完全不同的记忆力——微细之点也能谙记无遗的记忆力；这倒不必说，总之，这是真正惊人的事情。不过这些年轻的学者们，一旦归国，除了他专攻的学科是纯粹属于实用方面的，其余方面普通一回国就完了。这是不是因为西洋的学问，他们不能独立研究吗？还是他们在独创的思想方面的无能，有组织的想象力的缺乏，不关心，或冷淡呢？日本民族那样长久服从过来的，那个可怕的精神上及道德上的训练的历史，的确暗示着日本人的心是有这种能力的不足。这些问题——据我想象，除了极显明的对于学问的冷淡以外——尚未能加以说明。不过还有一个问题，必须离开能力或适宜不适宜的问题来考虑的，——就是在本国的研究，尚未有过适当的奖励。这个真相，送青年学者到外国学问的本地，不是为了贡献一生于心理学、言语学、文学或近代哲学的研究，而是在其他目的。留学的目的，是为了办理政府的事务，获得比纯粹学者更高地位的资格。而他们的留学，不过是他们做官履历中的一个义务性质的插话而已。各人要学习西洋人在某方面如何研究，如何思考，如何感觉，又知悉在那些方面的教育上的进步的范围，而各尽自己的义务。他并没有被命令去像西洋人一样地去思想，或感觉，——这在他到底是不可能的。于他自己，除了应用科学的范围以外，对西洋的学问，没有什么深的兴趣，恐怕也不能有这样的兴趣。他的任务是，不是从西洋人的见地，而是从日本人的见地学习如何去理解这些东西。但他只是正确地去做被命令的事情，很少超过范围。他因为得到被命令的范围的经验，政府优遇他的程度，会增加两倍四倍。但是在本国——作为教授或讲师的义务年限以外——他恐怕只将其经验当做一种心理的衣服——只在事务上必要的时候，用做一种心的制服。

为研究外科学、医学、军事的特殊研究等，不独要理解与记忆，还要手头和眼睛的生来的机敏的科学，而被命令留学的人，情形当然两样。我想胜过日本外科医的平均能率者，世界上没有。战术的研究，由国民的精神与性格看来，不待我说是有传统性的长处。不过只为了获得外国的学位而被命令留学，而在义务年限之后，可以升为高官的人们，好像不大重视在外国所得到的知识。不过即使他回国后更加努力，使他名声响遍西洋诸国，其努力一定需要许多金钱上的牺牲，而其结果，尚未充分为自国人所认识。

现在在西洋也会有人偶然这样想：从前的埃及人或希腊人，如果和现代的西洋文明那样的文明——单去罗列其名，也会成为一本字典的应用数学，各种科学，以及分类更细的科学的文明——突然发生危险的接触，他们便会怎样？近世日本的历史，极明了地说明着持有基于祖先礼拜的一种文化的聪明的国民，每次遭遇这种情形时，怎样对处过。他们为了对付突如其来的危险，一定很快地改造了他们的族长的社会。他们一定非常惊人地巧妙地采用了他们自己所能使用的一切科学机器。他们为了学习外国的习惯，以及获得施行外交任务的资格，一定派年青的贵族到外国留学了。他们一定设立了教育的新制度，强迫他们的孩子们学习许多新的事物，——但是对于外国文明的高尚的，情绪的，而又知的生活的方面，当然采取了不关心的态度。外国的最杰出的文学、哲学以及宽容其异说的种种宗教，对于他们的道德上及社会上的经验，一定不能有所影响。

回想

回　想

我在以上诸章中企图传达关于日本的社会史的概念，以及关于形成并锻炼了日本的国民性的各种力量的性质，不过这个企图现在不用说是不充分的，关于这个问题，能令人满意的著述，其出现尚在遥远的将来。不过日本是只能通过其宗教与社会进化的研究来理解的，关于这点，我相信已经充分地表达了。日本正在利用着西洋的应用方面的科学，以绝大的努力将数百年间的事业仅仅在三十年间完成，这样来维持着西洋文化的一切外形，但在社会学上，则仍旧保持着在古代欧洲基督出现前数百年时的状态。

不过无论如何论述其起源与原因，我们静静地看这在人类进化过程中和我们非常不同的奇异的日本之乐，是绝对不会因此而灭杀的。在《旧日本》之中今犹残留的惊异与美，不会因为知道了其产生之情形而轻减。和往昔一样的富于温情的优雅的风俗，并不会因知道了这是千年之间在严罚主义之下养成，于是感觉不到它的魅力。真正不过是在数年以前，到处人是一般地殷勤，鲜有争执，即使我们知道了这是因为在好几代之间，庶民间的吵架是受严厉处罚的缘故，或又知道了虽有这样的严罚而不时因争吵而发生的报仇的习惯，使得所有的人谨慎其言行，但我们住在这个国家感觉到的舒服，是不会因此而减少的。即使听到从前有一个时代，凡属从属阶级的人，忍受着痛苦也要微笑着，否则生命就危险，但一般人们的微笑，不会因此就不会动我们的心。又受过老式家庭教育的女人，即使代表着正在消灭中的一个世界的道德观念，而我们虽又不能充分推测为造成这样的人物所需要过的牺牲——难以计量的痛苦的代价，但她的温柔之感不是因此而会减少的。

不。在这往昔的文化中残存着的东西，充满着魅力——难以笔舌表现的魅力，而无论谁也好，感到过这个魅力的人，看见它渐渐灭亡，一定会感觉到一种悲哀的。有着艺术家与诗人的心的人，即使认为曾经支配过这个神仙之国，而形成了它的精神的无数压迫，是实在难受，但他还是不能不赞美爱好其最善的结果。所谓结果就是从前的习惯的纯朴——风俗的温厚，习惯的优雅，——接待宾客时表现的巧妙的手腕，无论在什么时候，只将性格的最好最光明的方面表露在外面的不可思议的力量等。从前的家庭宗教中——每夜点在死者灵前的小小的灯，些许进荐的食物，迎接来访的精灵的火，给精灵坐回其休憩处的小小的船——这些东西里面含着多少连那极不关心的人也会感动的，情绪的诗趣啊。而这从太古传来的孝道之教，又何等的向义务，感谢，献身等强要一切可畏而又崇高的东西，——而不可思议地激动我们的不绝如缕的宗教本能啊。又给这个教所训练的，比我们更美的性质，我们看起来又何等的接近神啊。在神们面前，有趣地混合了欢乐和虔敬的，那个氏神的祭礼，何等奇妙地含有不可思议的魅力啊。从孩童的玩具以至于王侯累代的宝物上，留着印象的——以一群佛像使寂寞的境地热闹起来的，或在路旁的岩石上镌刻经文的——佛教艺术的罗曼斯，又是何等有趣的天地啊。这佛教空气的平和的诱惑力——大梵钟殷殷的鸣声，——不怕人的动物——一声呼唤，便会高举羽声舞下来的鸽子，浮出水面找饵食的鱼——这些东西作为常住之地猬集着的深绿和平的寺园，谁能忘记这些啊。我们虽不能进入这往昔东洋的精神生活里面，——企图进入《旧日本》的思想情绪里面，正如反溯“时之流”，企图走入已经消灭的往昔的希腊都市的生活一样。虽则如此，我们又像神话里闯入魅魖之国的放浪者一样，永久被这样的幻影所魅惑。

我们知道这里面容易引起许多的错觉（不是关于目所能视的实体，而是其意义），不过这个错觉为什么能够吸引我们，活似瞥见了什么乐园一样呢？——为什么不能不承认那在思想上像兰基兹时代的埃及一样和我们悬隔着的一种文化，有道德上的魅力呢？我们实在是给那拒绝承认个人的一种社会训练的结果所吸引呢？——给那强迫抑压个人的人格的祭祀所吸引呢？

不。那个魅力是从这过去的遗影给我们表示着远较过去或现在为多的事实，——在没有比这以上更充满着同情的天地，表示着某种高尚的将来的可能性的事实而来的。数千年之后，也许会发达一定能够完成《旧日本》的理想预先表现了的道德状态，——本能的无私，为他人谋幸福是人生之乐的一般人的思想，关于道德美一般人所抱的一种观念的一种人道。而等到一个人处世，除了自己的良心以外，什么法典也不要的时候，就是实际上神道的过去的理想得到最优美的实现的时候罢。

这样成立的社会状态，可以说比美丽的海市蜃楼更美罢。具有大魅力的单纯的性格，固然是固定的，但是根据社会状态在民众之间发达而来的。《旧日本》，讲其进化的程度，远较更进步的西洋社会在数百年之间所达到的，更高尚的道德理想的完成接近一步。如果没有那在武权抬头后连绵一千年间的战乱，那么社会训练作为目标的道德目的，也许更加接近。不过这个人的性质的善良方面，克服了更黑暗更残酷的诸性质，而更发达了的话，那么其结果对于国民也许是不幸的。为利他主义支配到丧失了侵略与狡智的能力的所有国民，将不能在这个世界的现状之下，和那在战争的训练和竞争的训练下锻炼出来的种族对抗，而保持其地位。将来的日本，如果要在世界的竞争舞台收获成功的话，便要倚赖在他们的性格中和温厚的部分正相反对的许多性质。日本有使这样的性质强力发达的必要罢。

日本如何强有力地使这种性质向一个方面发达了，现在和俄国之间进行的战争，给我们惊人的证据。不过日本这样出人意料地表现了战斗力的背后所潜伏的道德力，的确是靠了过去长期间的训练的。日本国民因默从变革而被隐藏的精力——浸透在这由四千万人而成的集团的不自觉的勇气，——天皇的一声命令，立刻在建设上也好，破坏上也好，能够发挥出来的潜伏力，——这是肤浅的观察者所不能看出来的。人们也许会期待具有这种军事上及政治上的历史的一国民的领导者们，能发挥外交及战争上最重要的一切能力。不过如果没有集团的性格——以风浪一般伟大的力量服从命令而动的资质，那么这样的能力也差不多可以说没有价值罢。日本的真正力量，现在还是存在在它的一般民众，——它的农民，渔民，工人，劳动者，——在田野劳动，或在都市小街巷中从事最低贱职业的能吃苦的温和的人们的——道德性之中。这个民族的一切不自觉的壮烈的气质，存在于这些人们之中，而这个民族的一切可钦佩的勇气，——不是随便轻视生命，而是服从那死后赐与荣誉的，天皇的命令，不辞牺牲生命的勇气——也存在于这些人们之中。这次战争中被召集出征的数万青年之中，吐露希望太平无事光荣凯旋的话的人，一个也没有。口中吐露出来的唯一希望，是被祭祀在那信为为天皇及祖国而死者之灵来集的招魂祠——“靖国神社”，而长为世人所记忆。古来的信仰，没有比这战争的时候再强的时候了①，俄国要比连发枪或白帽鱼形水雷更怕这个信仰罢。作为爱国之宗教的神道，如果使其充分发挥力量，不独会影响整个远东的命运，而且是能影响文化的将来的力量。说日本人对宗教是冷淡的，批评日本人没有比这再不合理了。宗教和过去一样，现在还是日本民族的真生命，——是他们的一切行动的动机，指导的力量。是实行与忍苦的宗教，是没有虚伪与伪善的力量。由此特别发达的许多性质，就是使俄国惊愕的性质，今后也许会给予俄国更多的苦痛与惊愕②。俄国本来想象着儿童似的稚弱，但意外发现了惊人的力量。本来期待着胆怯与无力，却遭遇了英雄的行为。

这个可怕的战争，实在是十分遗憾的事情。关于产业的理由，也是其中主要理由之一。战争一时必定会防止那助长

① 第二次封锁旅顺口后，日本舰队司令长官东乡海军中将，曾奉敕语嘉奖厥功，而中将之答文，将神道的特色发挥无憾。其文曰：“为第二次封锁旅顺口之举，承赐优渥敕语，匪特臣等不胜感激，而战死将卒之忠魂，亦觉永留战地，以庇护皇军（臣等益将勇奋，以副圣旨）”译自一九〇四年三月三十一日《日本时报》。寄与勇敢的死者的这种思慕与希望，在撒拉海战之后，希腊诸海将也许也说过同样的话。帮助希腊人防止了波斯的侵入的信仰与勇气，其性质正和现在助日本抵抗着俄国的宗教性的壮烈勇武相同。

② 今年四月二十六日被俄舰击沉的运输船金州丸上将士的行动，一定使敌人有所反省。敌人虽给予了一小时的考虑时间，但士卒不肯投降，用步枪向战斗舰开火了。当金州丸被水雷击成两半沉没之前，多数将卒都先行切腹了。这个壮烈的过去封建时代精神的发场，表示即使俄国战争获胜，也一定要付大的牺牲才行。由于非常的理由（谁也不知道要继续到什么多时候的）。

近代国民繁荣富裕的健全的独立心的一切东西。企业衰落，市场萧条，制造停止。不过在这异常的民族的非常时期，战争在社会上的结果，会成为某种程度的利益的可能性是有的。在战争之前，以数百年的经验建设成功的诸制度，有了尚非其时就崩溃的倾向，——道德也有了将要崩溃的重大危险。这个大变革今后一定会发生，——为了这个国家的将来必须变革一事，——好像没有议论的余地罢。不过这样的诸变革，是应该慢慢去做的，——避免国民的道德组织陷于危险，慢慢去做。为了独立的战争，——赌国运进行的这个战争，——一定会加倍强化从前的社会的结合，有力地复活忠诚与义务的古来的感情，并加强保守主义。这在某方面也许是一种退步罢，但在另一方面，则是一种活泼的气象罢。大和魂遭遇俄国的威胁而再度复活。日本如果获胜，日本在精神上将比以前更强。那个时候，自信的新的观念，以及独立的新精神，也许会表现在国民对外国的政策及外国的压迫的态度中。

——当然会有自我陶醉的危险罢。海陆两方面都有力打破俄国的国民，也许会相信同样能够在他们自己的领土内和外国的资本竞争，而关于外国人的土地所有权的问题，他们也许会说服政府，强迫政府，用种种手段使它做到不幸的妥协。这方面的努力，长年之间，有组织地，顽固地进行而来，而且好像受着某种政治家的援助。但这些政治家好像不了解这种有特权的外国资本的商家，只要有一个，便能在这样的国家里面发挥惊人的暴力。据我想，只要有一点理解日本全国的财力的价值的性质，以及生活的平均状态的人，无论谁也一定会看出有借地权的外国资本，必定会获得支配立法的手段，左右政府的手段，以及为外国的利益，引起这个帝国实际上走到受人支配的事态的手段。我不能不感觉到日本将土地购买权与外国资本的时候，日本将有被灭到毫无恢复希望的危险。为目前的利益所惑，准许这种事情的自我陶醉心，是极不幸的。日本畏惧英美的资本，应万分甚于畏惧俄国的战舰与刺刀。日本的战争能力背后，隐藏着经过了一千年训练的经验，但是产业和商业力量的背后，只有半世纪的经验。但日本已经充分受到警告。如果日本今后自招灭亡，我想这并不是因为没有忠告，——Herbert Spencer.因为日本已经受到世界最大贤人的忠告。

本文的读者，现在一定至少明白了新的社会组织的长处与短处——军事方面攻守两方面的伟大才能，以及其他方面比较薄弱之点。总之，日本这样好好的保持其地位到现在，是值得惊异的，使日本的没有把握的脚走向新的危险的方面，这是不平常的睿智。日本到现在所表示的实行力，确实是由古时的宗教上及社会上的训练而来的。日本在新形式的统治及新状态的社会活动之下，因为能维持了许多过去的训练，日本现在才能继续强而有力。不过日本得免灾难，——在外国的压迫的重担之下，全社会组织得免分裂，却是完全靠了最坚实而又最机敏的政策。种种大革新是必要的，但足以危及国家基础的变化是应该避免了的。目前的需要，一方面固须准备，但对于将来的危险，亦当留心不懈，这是特别重要的。在文化历史上，被迫解决像这样巨大，复杂，困难的许多问题的统治者，恐怕决没有。而这些问题之中，最困难的问题，尚未解决。日本的一切成功，过去端赖被义务与从顺这个古来神道的理想所支持的有公无私的团体行动，但日本的产业的将来，要赖种类完全相反的自我的个人行动，这个事实，就是所谓最困难的问题。

然则古来的道德——古来的祭祀——将怎样呢？

——现在是非常时期。但一旦恢复为平时，古来的家族的关系便会逐渐松弛，这是不难想象的。而且还要走上崩溃的一条路。据日本人自己证明，在这战争之前，这个崩溃已经在大都市的上流及中流阶级之间迅速蔓延了。甚至于在农村人们之间，以及在地方的都会里，关于事物的古来的道德秩序，不能说绝无影响。帮助崩溃的事物里面，除了立法上的改革以及社会上的必要以外，也有其他影响。随着知识的普及，古来的信仰动摇了。在二万七千个小学校里面，新时代的少年们，学着科学的初步以及关于宇宙的近代的概念。描写了须弥山的空想的绘画的佛教的宇宙论，已经变成神话故事了。古时中国的自然哲学，只被不大有教育及封建时代的生存者信仰着。极小的小学生也学着所谓星座，既不是神，也不是佛，而是在远处的一群太阳。普通的人也不能想象Milky Way是“天河”，牛郎织女鹊桥相遇的传说，也只成为讲给小孩子听的故事了。而年轻的渔夫虽然也和他的父亲一样看着星光摇船，但已经不能在北方天空中看见妙见菩萨了。

但是某阶级的古时的信仰的逐渐衰微，以及目所能见的社会变化的倾向，是容易引起误解的。无论在什么情形之下，宗教是渐渐衰微下去。而最后崩溃的，是宗教的最保守性的形式。想象祭祖一事，过去一直从外界受到人所能感觉的某种影响，或者想象祭祖的继续存在，因为只赖神圣的习惯之力，所以大多数人现在已经不信仰，这种想象是重大的错误。任何宗教也好，——尤其是在祭祀死者的宗教，一直信仰它的民族，像这样突然丧失其爱好之心，这是不会有的。在其他方面，新的怀疑主义，也止于表面。这并不是已经透彻到事物的核心。一个人带有某种怀疑，成为一种流行而装做轻视过去的样子的青年们，实际上的确慢慢抬头了。但在这些人们之间，关于家庭的宗教说不恭敬的话的人，决没有。对于古来孝道的抗议，以及对于家庭束缚之愈益加重，表示不平之鸣，的确，可以听得到，但是轻视祭祀的话，绝对听不到。至于组合及其他公共的神道，神社之数继续增加一事，证明其势力之盛。一八九七年有十九万一千九百六十二所神道的社，一九〇一年其数增加到十九万五千二百五十六所了。

不久的将来一定会发生的变革，恐怕与其说是宗教性的，不如说是社会性的。而这种变革即使在各方面有削弱孝道的倾向，但可以相信有一种变化会对祭祖给予重大影响的理由，可以说没有。由于逐渐增加的生活困难和生活费，物质方面家庭生活的负担，将会增加，但在精神方面，家庭的负担，对于个人将会逐渐减轻。不过任何立法也不能废除对死者负有义务的感情。如果这个完全没有的时候来临，那个时候国民的心脏恐怕完全停止鼓动了。把过去的神当做“神”而信仰之心，或许会慢慢消灭，但是神道则将作为祖国的宗教，作为英雄及爱国者的宗教，继续存在下去。许多新神社带有记念碑的性质，此事表示着这种将来的变化的可能性。

——近年来，时常有人断言日本只管要求着“个人主义的福音”(这是主要由于罗威尔氏所著《远东的精神》“Saul of the Far East”所给予的深刻的印象的缘故)，而许多基督教信徒假定如果将这个国家改变为基督教国，个人主义便会发生。这个假定，除了认为数千年间慢慢形成的一国民的习惯也好，感情也好，只要有一纸关于信仰的命令，便会突然发生变化的古来的迷信以外，任何根底也没有的想法。使过去的秩序崩溃，但这崩溃不靠非常手段，而能得到比现在更高的社会力量的方法，除依赖产业主义，即竞争的企业与商业发展所需要的各种要素以外无他。不过这种健全的变革，需要长期的和平罢。而那时候自主的进步的日本会将宗教上的问题从政治上利害得失的见地来考察罢。[1]日本的经世家在海外的观察与研究似乎给了他们不妥当的印象，“金钱有一种宗教”——“资本是新教徒”——世界的力量，财富以及智慧的精力，属于放弃罗马旧教的束缚，而从中世纪的信仰脱出来的人种——这个密舍莱所力说的半真理，他们好像完全相信了。据说日本的某政治家最近公开这样说，日本人“急速地漂流到基督教方面”。报纸上登载的所谓显贵大官的话，多不能相信。但这次报道，恐怕是真的。而这话是为了表示可能性而说的。日英同盟公布以来，政府对西洋的宗教以前所支持的安全的保守主义的态度，大为软化。不过日本国民在政府奖励之下，是否将采取外国信仰的问题，社会学者将会给予明确的答复罢。只要稍许理解社会的基本构成，便能明白企图急遽变化之愚，而其不可成就，也能同样明白。至少在现在，日本的宗教问题，是保全社会的问题，变化不依自然的过程，而性急地图迅速完成的努力，徒将招致反动与扰乱。日本至今善能采取的细心熟虑的政策，可以放弃的时期，我认为为时尚远。日本采取西洋的信仰时，我相信有累及皇室的危险。日本如果将它的土地，

① 日本政府对于宗教团体的表面态度，不能使我们得到任何推论。近年来的政策，似乎连那西洋宗教中排斥他派的褊狭的种类也准许着。对这态度成为奇妙的对照的，就是秘密共济会的排斥。治外法权废止以来，在通商港口的外国人的共济会，虽以某种条件得许其存在（或者宁可以说是被放任），但严格地说，秘密共济会未得在日本许可。在欧美的日本人，虽能自由为共济会员，但在日本则不能为会员。在日本，一切聚会的行为，公然受官方的监督。

日本一

纵令一亩也好，让给外国的资本，便等于情愿放弃其生得权（Birthright），我怕绝对不会有恢复的希望。

现在略述西洋的侵入和远东的宗教的关系。

——远东所有的社会，都和日本一样，以礼拜祖先为其基础。这个古来的宗教，以种种形式表现着社会的道德经验。它现在对那排斥异教而只管传布其教的基督教的渡来，给予着极大的障碍。由归依基督教的人们看来，攻击基督教一事，一定是最大的侮辱，是最不可宽恕的罪恶。每一个信徒认为随命令而死是自己的义务的宗教，就是自己为了这事欣然挺身去斗的宗教。有人攻击他的宗教时，他能够怎样忍耐，要看他的智力以及训练的性质了。远东的所有民族，并不是都像日本人那样聪明。日本人经过几时代军事训练的结果，能够适应环境而行动，但其他民族并没有受过这样好的训练。尤其是中国的农民，受人攻击自己的宗教，是难以忍耐的。无论什么时候，他的祭祀是他的所有物中最贵重的东西，关于社会善恶是非的一切事项，它是他的最优秀的指导者。东洋只要他的社会的根本意义不受攻击，至今宽容了一切信仰。因此如果西洋的传道师们，不触犯他们的根本意义——像佛教所采取的办法一样，容纳祭祖，而在其他方面也同样表示宽大的精神——像这样的贤明，那么大规模采纳基督教，一定是极容易的事了罢。如果这样做的话，因为远东的社会组织不许急变，结果一定成为和西洋的基督教大不相同的基督教了。那么说不定社会的反对不会发生，人种上的憎恶更不会发生，而教义的精髓得到更广大的宣传。现在要他们放弃他们一贯采用的排他的手段，而从头做起，已经是不可能了。中国及其近邻诸国对基督教的憎恶，原因在他们的祭祖毫不客气地受到不必要的攻击，这是无庸置疑的。要求中国人或安南人毁弃祖的神牌，恰如要求英国人或法国人毁弃母亲的墓石，以作为他们归依基督教的证据一样。不，这是远较后者是不近人情的事情，——因为东洋人对写着已故父母的名字的神牌所抱的虔敬之念，远较西洋人对墓石所抱的虔敬之念为大。对温顺和平的家庭信仰，加以这样的攻击时，其结果一定是发生残杀事件，自古已然，如果强要做下去，只要他们有战斗的力量，杀戮不会停止。土著的宗教怎样抵抗了外国的宗教侵略，而基督教的武力怎样以十倍的屠杀和猛烈的劫掠报仇了，此事不必记在这里。传道师排斥异说的结果引起骚乱，及因其报仇手段而被屠杀，被陷于贫困，或被征服的祭祖的民族，不限于近代。不过一方面西洋的贸易或商业，因这样的报复而得到直接的利益，一方面西洋的舆论，对于异教徒的愤慨激怒，挑拨的权利，以及报复的是非，是不许议论的。少有宽容他教之心的基督教诸派，甚至于将议论异教徒的道德权利，也视为邪恶。倘有胆敢高声抗议的公正的观察者，狂信者就会向他加以猛烈的攻击，视他如人类的仇敌。

从社会学的见地来想，一切传道师制度，不问宗旨信条如何，敌视旧型的一切文化，对之一般地加以攻击，在这一点上代表着西洋文化的斗争的暴力，——换言之，它就是最强大而最进步的社会，攻击弱于自己而未进化的社会的前进运动的第一线。这些斗士的自觉的工作，是牧师或教师的事业，他们的不自觉的工作，就是工兵队驱逐舰之类。由于他们传道师的工作，弱小民族被屈服到几难想象的程度。这个屈服，无论用尽其他任何手段，也不会这样快的，这样确实地成功了罢。进行破坏的暴力，猛烈得像不可抵抗的自然的力量。不过基督教还是没有怎样普及。他们不辞死，他们以军人以上的勇气抛弃他们的生命，但这不是为了传布可能被东洋拒绝的教义，如他们所希望，而是为了扩大产业上的企业和西洋的势力。传道师们所公言的真目的，因为漠视了社会学上的真理，因此达不到。而基督教的国民，为了达到和基督教的精神根本反对的目的，利用着殉难和牺牲。

民族的互相侵略，当然是和斗争——所谓适者生存的那个永远的斗争——的一般法则一致的。劣等民族或沦为高等民族的奴隶，或被高等民族压迫而消灭。太固陋，太不能进步的旧型文化，不得不服从更有能力的，更复杂的文化。这个法则是无情的，冷酷的，明确的。这个作用，也许能因人的考虑，以慈悲之心使之缓和，但决不能防止它。

不过无论如何宽大地思想的人，也不能将这里面所包含的道德问题，随便加以决定。我们认为弱肉强食这样不可避免的事情是天命，这种想法不一定可以说是正当，何况是高等民族，只为了偶然成为世界生存竞争舞台上的胜利者，就主张就是权利，这决不是正当的理由。人类的进步，一向是由于否定强者的法则，——和支配兽类世界的弱肉强食的冲动，和天体的运行一样属于自然秩序的弱肉强食的冲动斗争——而得来的。为了文化的进步，一切美德或抑制，是干犯自然的法则发达而来的。最优秀的民族，是最初学到最高的权力是行宽容而得，唯有抚恤弱者，挫败不正，才最能维持独立的民族。如果不常持有否定如此而得的整个道德经验的心，——如果不是想断言其民族所倡的宗教，仅属特殊信条，而难认为是一般人类的宗教，——那么在基督教与启蒙之名下，对外国人所施的侵略，固难辩解其为道德上正当的事情罢。这种侵略在中国的结果，的确不是基督教，也不是什么启蒙，而是扰乱，屠杀，可厌的惨虐——都市的破坏，各地方的荒废，数万人命的损伤，万万金钱的诛求。如果这一切事情是权利的话，力量实在是权利，而在西洋公言的所谓人道与正义的宗教，可以知道它和任何原始祭祀同样是排他性的，只能用来矫正同一社会的人们的行为。

不过至少从进化论者看来，此事就大不然。社会学明白教给我们，高等民族待遇弱小民族，不顾道德而又无报应，是没有的事，西洋文化迟早因其侵略行为而充分受罚。在本国宗教上不许排斥异说，而在外国却盛行排斥异说的国民，终会丧失其费了叫做残忍的努力方才获得的知的自由。惩罚的来临，恐不为远。整个欧洲将回到战乱状态，威胁人类自由的教会万能，必将开始复活，而中世纪的精神将再蔓延。实际上，反犹太主义已经成为大陆三强国政治的要素了……

——如果不反对一下某一个宗教信念，就不知道那个信念怎样的强，这是至理名言。未经传道的恶意的掩蔽炮台狙击以前，恐怕谁也不知道关于传道问题的，传统的邪恶的方面罢。不过传道问题，无论秘密中伤或公开骂倒引起问题的人们，也是不能解决的。现在，这个问题已经成为有关世界的和平，商业的将来，以及文化的利害的问题。中国的保全问题，也和这有关系，现在的战争也不是和这没有关系。本书固有许多缺点，不过远东的社会组织，对于西洋宗教的过去一贯的传道方法，是有极大的障碍，要克服这些障碍，现在必须采取比过去更细心的人情味的方法，过去对他们所取的不妥协的态度，今后如果不必要地维持下去，除灾祸以外什么也得不到，关于这些，细心思虑的人们恐怕一定了解了。祖先的宗教，不管它在数十年前是什么东西，但现在在整个远东，它已经成为家庭的爱情与义务的宗教。西洋的狂信者，如果不顾人道，漠视这个事实，结果必将反复几次“拳匪”之乱。强迫世界引起过去引起“拳匪”之乱这样的危险的力量（现在俄国没有这样的力量），再不能送给那些真目的在排斥异教，而暂时主张容许异说的传道师们。传道师们向改宗者要求否定他们对家族社会的从来的义务，——而且要他们破坏他们祖先的神牌，侮辱给予他们生命的人们，以表示他们信仰基督教的忠实时，东洋决不会改宗为基督教罢。

追录

斯宾赛对日本的助言

约在五年以前，那时住在东京的美籍教授，告诉我一桩事情。那是斯宾赛致书日本某政治家，告其日本倘欲维持独立，应取怎样的政策，而这封书简将于这位哲学家死后于公表世。但后来没有听到什么消息。不过我想起《第一原理》（一七八节）中所述日本社会之崩溃，当时便想斯氏所作忠告，必属极保守性的。不料其保守性之烈，实在我想象之上。

斯宾赛于一九〇三年十二月八日晨去世（其时本书刚在准备出版中），而这封写给金子坚太郎男爵的信，在一九〇四年一月十八日在伦敦泰晤士报上发表了，这是大家早已知道的。

敬启者：前所上书此二通尚未发表。二通，得蒙移译，转呈新首相伊藤伯爵，闻讯之余，曷胜荣幸。

关于阁下其后所垂询各节，谨略陈鄙见。先就一般言之，日本所应采取之政策，厥惟尽力远欧美诸国也。诸国之较贵国为强大者，贵国对之，常处危险地位，故鄙见以为应慎之谨之，勿与外国以立足之地也。

贵国有许可而可获利益之交际，鄙见以为仅有一种，即依交换物品而行之不可或缺之交际是也。所谓物品之交换者，固指精神物质两产物之输出入言之也。为遂行上述目的绝对必要限度以上之特权，慎勿许与异人种，尤不可许与较贵国为强大之诸国民。而贵国似欲提议修正与欧美诸国之条约，而“将全国开放与外国资本”，鄙人闻之，不寒而栗，盖此事有关贵国之安危。此事将招致何种结果，印度之历史，可为殷鉴。倘令强大民族之一，一旦获其立足之地，则辗转岁月之间，必生侵略之政策，结果必与日本人发生冲突，而此等冲突将被伪称为日本人所加之攻击，而必随时招致报复也。领土之一部被占，而被要求割让为外国之殖民地，结果终将成为日本全土之屈从。贵国固甚难回避此命运，倘于鄙人所指事项以外，给予外人以某特权，则此命运颇易来临矣。

关于阁下所问第一事，上述一般问题之愚见，倘荷采纳，则匪特应禁止外国人之土地所有，亦有拒绝贷借土地与彼等，而仅可作为一年契约之借地人而令彼等居住之。

关于第二节，鄙见以为应严禁外人经营政府所有或政府所经营之矿山。盖从事经营矿山之欧美人与政府之间，必有发生可作争论根据之事件之虞也。争执之结果，欧美之经营者，为贯彻其权利，势将请援于英美政府或其他强国，而由侨居海外之本国代理人或推销人而来之报告，不分皂白，咸加以信用者，文明国民间之常习也。

第三，施行鄙人所陈政策之际，贵国应将沿岸贸易恒置于本国之手，而严禁外人从事于此。所谓沿岸贸易固当不包含于上陈可予承认之唯一要件——对商品之输出入给予便利之要件——中也。由他国输入日本之商品，其分配事宜，应委诸日本人之手，而禁外人为之，盖此际所行各种交易，易成种种争执之种，而旋成侵略之理由故也。

关于阁下最后所言国人及外国人间之杂婚，谓此乃“我学者政治家间目前盛行议论而最感困难之问题之一”，然鄙见以为不难予以合理之答复。即此事应断然禁止是也。此事根本非社会哲学之问题，而系生物学之问题。异种类混淆至某一小程度以上时，辗转岁月之间，必将招致恶劣之结果，此事可由人类之异种族结婚及动物之杂种繁殖充分证明之。鄙人自身亦于以往数年中不绝注意关于此事实之证据，而鄙人之所信，固根据许多有根据之事实。鄙人将此确信之证明，得之于此半小时之内，盖鄙人目前偶与对家畜之异种族繁殖有丰富经验之著名某氏滞留乡间故也。氏答鄙人问曰，例如于羊之变种，有相去甚远之种类之异种繁殖时，其结果，尤其于第二代发生恶劣之结果，即发生混合之特性及混沌之体质。斯言足以证明鄙人之信念。其于人亦同，印度之欧亚混血儿，以及亚美利加之杂种等，可为明证。此经验之生理学的根据，似在于任何变种之生物，代代生存之间，于其生活之特殊形式获得一种素质上之适应性，其他一切变种亦同样获得其自身特殊之适应性也。其结果如后，于相去甚远之生活状态各自获得适应之二种相去甚远之素质，混合之，即生一种不能适应两者中任何一种生活状态之素质，即因不适合于任何一定之状态，故不能营适当作用之一素质。故不佞以为日本人与外国人通婚之主张，应断然禁止之。

根据上述理由，不佞完全赞成美国限制中国移民之规定，倘令不佞有此力，自当限制中国移民至最少限度也。不佞之所以有此决心者，盖知必将发生下述二事实也。倘令中国人广泛移居美国全土时，彼等设不与美人通婚，则结果纵不沦为奴隶，亦将形成近乎奴隶阶级之附庸种族，设令通婚，则必将形成不良之杂种。总之，移民数多，为害社会颇巨，终致社会之瓦解。多数欧美人与日本人通婚时，亦当发生同样弊害也。

综上所陈，阁下可知不佞之言，在一切方面，皆显属保守的。兹以最初所陈之言，以作结论，曰：他种族应尽量远之也。

又本简仅供阁下台览，以作参考，千祈勿令泄漏或发表为祷。总之，不佞在世时，幸勿发表为荷。如是言者，盖欲避免引起不佞同胞之嗟怨也。

斯宾赛谨上于威尔特夏·表希·费亚菲尔

一八九二年八月二十六日

不佞之言，固请保守秘密，勿令泄漏，惟伊藤伯爵，固属例外，不佞甚望伊藤伯爵获有机会考虑此事。又及。

若读泰晤士报对这封信的批评，可知斯宾赛如何了解本国人的偏见，这些批评表示抱着保守心的英国人，怎样激烈地，不合理地骂着和目前的利益冲突的新思想。

这个进言本身，我不知道对政府的政策，直接有了怎样的影响。但这是十分和国民的保存自己的本能一致的，只要看主张废止治外法权者所遭遇猛烈反对的历史，以及针对斯宾赛的信中所指事实的预防性法律的性质，便可知道。治外法权（恐怕是势不得已耳）被废止，外国资本未得任意去开发这个国家的富源。而外国人的土地所有也未得许可。内外人的通婚[①]虽未被禁止，但也决没有受奖励，而且只能在特别的法律上的限制下通婚。如果外国人因结婚而得到领有日本土地的权利的话，一定立刻有一大块日本的土地落入外国人手里了。不过法律贤明地规定，和外国人结婚的日本女人，就因此变成外国人，而所生儿女，一辈子算是外国人。反过来，结婚而入籍日本家庭的外国人，无论是谁，都成为日本人，所生孩子，永远是日本人。但他们也得不到某种资格。他们不能做大官。除了有特别许可者外，不能为陆海军的士官。（好像有一两个人得到许可）最后要注意，日本将其沿岸贸易一直维持在自己手里。

那么大体上看来，日本的政策，可以说采用了不少斯宾赛所提议的方针。不过我觉得未能严格依从斯宾赛的提议，实属遗憾。即使这位哲学者现犹在世，而听到最近日本的胜利——不损失一舰而溃灭了强大的俄国舰队，在鸭绿江上击溃了三万俄军——的消息，我想他也一定不会变更他的进言。在他博爱的良心所许的范围内，他一定称赞了日本人这

① 内外人通婚之家庭，据说东京有百家以上。

样彻底的研究了新战术罢。他也许赞扬了被发扬的高迈的勇气和古来的训练的胜利，——他的同情一定加在被迫选择一条路——沦为保护国呢？还是与俄国一战？——的国家上面。不过日本胜利之后，如果他再受质问将来的政策，他一定会回答军事上的能力和产业上的力量大不相同，而强调的警告。他因为了解日本的社会组织和历史，因此他明白看出了日本和外国接触的危险。他又看出那方面企图利用日本产业方面的薄弱。如果下一个时代来临，日本放弃了他的许多保守主义，也没有危险罢，不过在目前，要靠保守主义为救日本的力量。

编者后记

编者后記

十九世纪末，小泉八云以欧洲学者身份，因向往日本文化，悉心经营，勤勤恳恳，终于成为连接日本与欧洲桥梁式的人物。他致力于向广大欧洲读者介绍古老的日本文明；其景仰之情溢于言表，亦是我们从另一角度了解东邻文明的一个重要参照。

坊间介绍日本文化及历史的书颇多，抨击其军国主义恶行者有之，单纯介绍日本文明面貌的也不在少。本书为小泉八云晚年日本研究的集大成之作，反而不为人提及，或许亦因作者对日本文明的态度较为热情之故。然小泉八云生当日本文化发展时期，其欣欣向荣必会与欧洲老人帝国的颓败形成鲜明对比；而作者以欧洲观察家犀利的目光观察东方巨头兴起的根源，其中必然多有我们可资借鉴之处。这也是我们推出此书的根本原因之一。

我们此次推出的，是半个多世纪以前的译稿。译者学识广博，对原书挥洒自如、旁征博引的风格应付裕如，颇见功力。为保持译著的风貌，我们除明显的错讹之处而外，对文字不做改动，俾使读者领略半世纪前的精彩译文。另外，原书毕竟是百年前的著作，其间风云变幻，观念、体制、意识形态甚至世界格局变化甚大，当时的一些观点和提法已经仅仅具有历史意义。有鉴于本书的史料性和学术地位，我们对这样的表述亦未做修改，个别地方以编者注的形式标识，亦请读者鉴之。

编者

图书在版编目（CIP）数据

日本，解释的一个尝试 / (日) 小泉八云著；曹晔译. — 2版. — 长春：吉林出版集团有限责任公司，2014.10

（草月译谭）

ISBN 978-7-5534-5582-2

Ⅰ. ①日… Ⅱ. ①小… ②曹… Ⅲ. ①文化史－研究－日本 Ⅳ. ①K313.03

中国版本图书馆CIP数据核字(2014)第201033号

日本，解释的一个尝试

作　　者 ［日］小泉八云
译　　者 曹　晔
出 品 人 刘丛星
创　　意 吉林出版集团·北京汉阅传播
总 策 划 崔文辉
责任编辑 崔文辉　曹文静
装帧设计 未　氓
开　　本 650mm×950mm　1/16
印　　张 22
版　　次 2014年10月第2版
印　　次 2017年7月第2次印刷

出　　版 吉林出版集团有限责任公司
发　　行 北京吉版图书有限责任公司
地　　址 北京市西城区椿树园15—18号底商A222
邮编：100052
电　　话 总编办：010-63109269
发行部：010-63104979
网　　址 http://www.beijinghanyue.com/
印　　刷 三河市京兰印务有限公司
邮　　箱 jlpg-bj@vip.sina.com

ISBN 978-7-5534-5582-2　　定价：54.80元